나와 時間

나와 時間

2025년 11월 1일 초판 1쇄 인쇄 발행

지은이	김정규
펴낸이	박종래
펴낸곳	도서출판 명성서림

등록번호	301-2014-013
주소	04625 서울시 중구 필동로 6 (2, 3층)
대표전화	02)2277-2800
팩스	02)2277-8945
이메일	msprint8944@naver.com

값 13,000원
ISBN 979-11-7439-056-1

본 책의 구성 및 맞춤법, 띄어쓰기는 작가의 의도에 따랐습니다.
이 책의 저작권은 저자와 도서출판 명성서림에 있습니다. 무단 전재 및 복제를 금합니다.
이 책 내용의 일부 또는 전부를 재사용하려면 반드시 저자와 도서출판 명성서림의 동의를 얻어야 합니다.
파본은 구입처에서 바꾸어 드립니다.

나와 時間

김정규 시집

시인의 말

시 답지도 않은 시를
끄적거리는 시간 마다
내 은밀한 기억의 뜨락에
바람 소리인 듯 그림자인 듯
마다않고 발걸음해준
잊을 수 없는 이름들
함께할 수 있음에
더없이 감사했다

차 례

시인의 말　05
해설 | 가을 사색에 빠진 자아적 서정의 발화　182

제1부 가을 커피

last scene	12	고향 바다	32
가을 커피	14	空	34
가을 자락 수묵화	16	공중전화 추억	36
강아지풀	18	局外者	38
개울	19	궁예	40
결기	20	그냥 저냥	42
고려장 면접	22	금단의 사랑	44
고양이와 쥐	26	금쪽같은 내 새끼	46
고해성사	28	길상사에서	48
고향무정	31	기다림	50

제2부 모정의 세월

나와 時間	52	마이 웨이	72
낙원동	54	막차로 오는 사람	74
老夫婦	56	맙소사	76
누가 太初를 보았는가	58	머무르고 싶은 풍경	78
늘그막	60	명찰	80
대추	62	모정의 세월	82
로맨스 그레이	63	미라	84
독거獨居	64	미스터리	86
돼지비계의 추억	66	미운 사내	88
땅꾼의 반란	68	바람 부는 섬	90
몽유	71	벽	92

제3부 신들은 어디 있는가

보우하사	96	아버지	118
비 오는 생일	98	아버지의 江	120
비껴간 해후	100	아픈 저녁	123
사랑합니다	102	아버지의 첫사랑	124
서천댁	104	안부	126
수다의 품격	107	暗黑記	128
詩 같은 詩	110	仰望의 辯	130
신경질	112	애도	132
약속	113	야무진 포부	134
신들은 어디 있는가	114	악몽	136
아명	116		

제4부 어머니의 땅

어머니의 땅	138	채송화	160
엄마 생각	140	靑春	162
戀書	142	초원 빌라	164
연정	144	추석	166
왕 씨 열전	146	타투	168
永眠	149	푸른 하늘에 침을 뱉어라	170
移葬	150	해수관음상	172
장터 가수	152	황혼	174
주당의 계략	154	會葬者들	176
차마	156	잘났다!	178
참회	158	자화상	179
친구	159		

제1부

가을 커피

last scene

생을 마감할 때 어떤 심경이 될 건가 궁금해집니다
울지는 않을까 살려달라 비굴해지지는 않을까
컨트롤할 수 없는 일이기에 걱정 들 때가 많습니다
잠자듯 가는 게 좋겠지만 그건 장담할 수 없는지라
미리 세상 하직 연습해 두는 것도 좋을 듯은 합니다

목욕재계하고 면도 다시 하고 손톱 발톱 자르고
로션 발라 마사지 후 깨끗한 속옷으로 갈아입습니다
屍身이 무슨 품위유지 의무가 있는 건 아니겠습니다만
마지막 모습이 꾀죄죄하면 체면이 영 아니지 않겠어요

용 못 된 이무기는 고사하고 개구리도 못 된 올챙이
당당했던 날 보다 움츠렸던 때가 더 많은
맞짱 뜨지 못하고 지레 투항해버린
소금 접시 들고 황소 뒤꽁무니나 어슬렁거린
큰돈은 꿈도 못 꾸고 얄팍한 지갑이나 타박한
고상하고는 한참 먼 허접스럽기 짝이 없는 생

그래도 말입니다
헛되이 산 삶 같지 않은 평온한 표정이라야겠지요
설움에 겨워 흘렸던 눈물 자국은 지워 없애야지요
삭이지 못한 분노의 흔적도 표가 나서는 안 되지요
속으로 부르기만 한 이름은 아무도 몰라야 합니다
마지막 얼굴의 그늘은 변명할 기회가 없으니까요

그런데 말입니다
천국을 가던 지옥을 가던 그건 신이 알아 할 일이지만
별의별 기억들이 해일처럼 들이닥쳐 연습을 방해하네요
수많은 인연들이 달려들어 지금은 아니다 붙들어쌌네요
아마도 오늘 떠나는 날로 오해들을 한 것 같습니다
담배 한 개비를 거칠게 물고 성냥불을 치익 긋습니다

오늘 첫 연습은 실패인 것 같습니다

가을 커피

곱게 물든 단풍나무 숲 배경으로
샛노랗게 익은 모과 다닥다닥 매단 가지
가을빛에 기대어 하루를 접는
절경 언덕 위에 자리한 카페

그 사람은 먼저 와 기다리고 있었네
갈색 커피 향이 뜨락에 내려서기 전
내 걸음이 먼저 문을 열고 들어섰네
찻잔 밀어 권하는 그 옛날의 하얀 손
정작 내 손이 떨리고 있었네

어색하지 않으려 밖으로 돌린 시선
한눈에 내려다 뵈는 가을의 폭포
이슬이 모여 흐르듯 청아한 물줄기
무지개 무늬가 따라서 쏟아졌네

하나도 안 늙은 고운 얼굴
인사인 듯 웃음인 듯 열리는 입술
뭐라 대답은 해야겠는데
절반 남은 커피는 식어버리고
어느새 산자락은 어두워지고
가을바람은 가을바람
단풍잎은 툭툭 떨어져 날리고
창너머 하늘은 이미 노을빛

몇 날 며칠이 마치 한나절처럼 지나갔네
아직도 입안 가득 그날의 커피 향이……
담배 한 개비 꺼내물고 불을 붙이네
참으로 아쉬운 꿈이었네

가을 자락 수묵화

버썩 마른 허리춤에 시린 갈바람 오롯이 감고
능선 넘어오는 풍경소리에 시름 달래다가
오래 서 있기가 힘에 부친 듯 휘청휘청
툭툭 떨어지는 낙엽 우두커니 쳐다보는 저 모습

석양빛 한 줌 붙들어 한속을 달래는 중인지도 모르겠다

숨이 턱턱 막히는 땡볕 아래서
사납게 몰아치는 장대비 맞으면서
꿋꿋이 미소 잃지 않았던 동그란 얼굴
이제는 까맣게 타들어가 볼품없이 늙었다
아침 햇살 우러러 곱게 단장해 주던 노란 빛깔
어디를 헤매고 싸돌아다니다가
어느 열매 어느 잎을 물들이고 있는 건가

먼 델 바라보며 땅이 꺼져라 탄식 중인지도 모르겠다

저 모양이 참으로 애달픈 것은
평생 아주 평생 그대로일 줄 알았던 어머니가
어느 한날 저 해바라기처럼 팍삭 늙어서
막차 시간 훨씬 지나 어둠이 길바닥 덮는 줄 모르고
싸늘한 동구밖에 서 있던 기억이 선하기 때문이다
무명저고리 속 얄팍한 등허리가 맘에 걸리기 때문이다

어머니 그림자는 지금 거기 서있는 중인지도 모르겠다

땅거미 재촉에 마지못해 일어선 땀 젖은 머릿수건
당장 내달려 아이같이 부벼대며 실컷 만져보고픈
한사코 뿌리치는 은반지 달랑 하나 거친 손 감싸 잡고
따뜻한 앙고라 털장갑 막무가내 끼워주고픈
이고 들고 반나절 힘겹게 걸어 넘던 시오리 고갯길
푹신한 앞자리에 모시고 드라이브 한 번 시켜주고픈
울먹울먹 불러보는 보고 싶은 내 어머니

허옇게 센 머리가 이제야 철드는 중인지도 모르겠다

강아지풀

땡볕
뇌성벽력
폭풍우
이 악물고 버텨냈지만
올해도
개풀은 못 되는 거냐
세월은 자꾸 가고
나이는 늘어가는데
허구한 날 강아지풀

아! 언제쯤이나……

개울

벌떡 일어나
폭포처럼 쏟아지고 싶다

속 시원히
거침없이 내달리고 싶다

피라미 말고
가물치를 키우고 싶다

징검다리 말고
대교를 올려다보고 싶다

종이배 말고
모터보트 띄우고 싶다

눈 내리는 계절엔
새하얀 설원이 되고 싶다

그 꿈 하나로
졸졸졸 오늘도 흐른다

결기

시퍼런 낫날에 싹둑 베어지는 대나무
정맥이 파르르 경련을 한다
꼿꼿이 하늘에 닿고 싶었던 꿈
일순간 대숲 모퉁이에 내팽겨져
찬서리도 이겨내던 댓잎파리
땡볕 아래 보리 잎처럼 맥을 놓는다
아침 이슬 아직 머금지 못한 채
숨 고르는 마디마디 토해내는 신음소리
굽힐 줄 모르는 등허리 땅바닥에 뉘어졌다
퉤퉤 침 뱉는 할아버지 손에
잘려나가고 다듬어지고
철사 줄에 묶이고 조여져서
비로소 완성된 대빗자루
집을 짓다 휩쓸려온 무당거미는
자투리 줄기 따라 장작불에 화장되고
기웃 기웃거리던 참새 몇 놈
빨랫줄 박차고 황급히 줄행랑을 쳤다

마당 쓸고 뒤꼍 쓸고 뜨락도 쓸고
대문간 기둥 옆에 세워 뒀는데
이런 경사스러운 일도 있나
밤새 내린 봄비에 흠뻑 젖은 대빗자루
마른 잎 사이사이 돋아나는 새 잎
이대로 그냥 죽을 수 없다는 듯
혼신의 힘으로 새 잎을 틔워내는 대빗자루
태양은 구원의 햇살 아낌없이 쏟아붓고.....
아! 생이란 얼마나 모질고 질긴 것이냐

고려장 면접

 오십 줄 넘어선 자식 흰머리 느는 것보다 바라보기 딱한 것은
 감았다 떴다 천정을 보다 벽을 보다 어미 얼굴 애써 비켜 방바닥에 내려까는 수심 가득 담은 멍한 눈빛이다

 어무요! 즈 아버지 빼닮은 아들이 목을 늘어뜨린 채 붙은 입을 뗀다
 교육비도 벅차고 은행 이자도 오르고 발버둥 쳐 보지만 여간 팍팍한 게 아닙니다
 어무이 수발도 갈수록 힘이 들고요 아시다시피 모시고 갈 형편은 안 되고요
 심지 낮춘 등잔불보다 희미한 소리 말을 잇지 못하는 울음이다

 요양원에 들어가라는 거다
 사나흘 뒤 조사하는 사람들 나올 테니 못 먹는 척 못 걷는 척하라는 거다

집 주소 전화번호 기억 안 난다 손사래치고 정신 나간 시늉하라는 거다

즈네 사정 봐달라는 거다 불효라는 거 잘 안다는 거다 오죽하면 이러겠냐는 거다

한마디로 반송장 노릇 잘해서 요양원 입원 판정받으라는 거다

평생 참아왔던 눈물이 한꺼번에 쏟아진다

재작년 코로나 때 죽었더라면 얼마나 좋았을 거나

벽에 걸린 사람 좋은 젊은 남편 사진은 아무것도 모르고 웃고만 있다

하늘이 무너져도 이렇게 무너져선 안 되는 것이다

손때 묻은 내 집에서 마지막 눈 감겨지길 얼마나 소원했는데

가슴을 쥐어박아도 소용없다 누웠다 앉았다 일어섰다 도통 잠이 오지 않는다

칼 물고 숭어뜀을 한들 분이 삭을까 미친 듯 고함이나 냅다 질러볼까

청상 때 잠깐 물어본 곰방대라도 힘껏 빨아들이면 속이 좀 나을 것 같기도 하다
 아껴뒀던 이불을 꺼내 깔고 한 번도 안 입어본 새 옷을 입어본다
 바람이나 불던지 소낙비나 퍼붓던지 닭이라도 울던지 개라도 짖어대던지
 오늘따라 밤은 이리도 길고 새벽은 어째서 더디 오는지 모를 일이다

 설움 겨울 때마다 봄나무 물오르듯 기운 나게 하던 희망 아니었던가
 넘어질까 뒤처질까 생병 날까 새벽 기도 빌고 빌던 애물단지 아니었던가
 일어서는 자식에게 끝내 서운한 감정 안 비친 건 참 잘했다 싶기도 한데
 뭐라도 먹고 가라 운전 조심해라 한마디 안 한 건 어미 경우가 아닌 것 같기도 하다

미안합니다 어무이만 믿어요 얄밉다가 가여운 아들놈 젖은 음성이 다시 맴돈다
 저 소리 하려고 어미한테 오는 마음은 얼마나 저리고 무거웠을꼬……

고양이와 쥐

저 무도한 것이 또 시퍼렇게 독을 품고 노려보고 있네
살기가 단단히 올랐다는 증거야
기척 내지 말고 몸을 숨겨야 해
찍 소리 못 하고 생명을 잃을 수도 있으니
놈은 유독 우리에게만 정복자로 군림하려는 걸까

한 번도 저항하지 못했던 역사 때문이지
궁지에 몰리면 돌아서 문다는 말은 있지만
싸워 이겼다는 기록은 존재하지 않아
치가 떨려도 보복은 못할 거라는
무기력한 한계를 속속들이 들여다보는 오만
그런 고로 난행을 서슴지 않지

이제, 죽느냐 사느냐 이것이 문제야
상생의 DNA가 눈곱만큼도 없는
허구한 날 우리를 말살하려 드는 못돼먹은 족속
철천지원수와 같은 하늘 아래 살 수는 없어
평화는 스스로 지키는 것
오금 못 펴고 불안에 떠는 건 종지부를 찍어야 해

저 자에게는 치명적 약점이 있어
유별나게 밤눈을 못 본다는 거야
어두워지면 동공이 풀리고 몸뚱어리는 둔해지지
야음을 틈타 기습공격에 나서야 해
코끼리는 쇠못 하나에 주저앉고
고래도 작살 한 방이면 그걸로 끝이야
마냥 별들 날만 기다리기엔 우리의 생이 너무 짧아
벌떼처럼 일제히 덤벼들어 물어뜯어버리면
제깟 놈 별 수 있겠어 피투성이가 되어 쓰러지고 말겠지

결사항전만이 우리들 터전을 보전할 수 있다는 것을 명심하고.

고해성사

　듣지 말아야 했어 딸 다섯을 낳아야 아들 볼 수 있다는 무당의 말은, 뱃속 아이도 보나마나 딸이다 하더라고
　호랑이 굴에 들어가도 정신만 차리면 산다지만 도무지 몸을 가눌 수가 없었어, 하늘이 무너졌어도 그렇게 놀라지는 않았을 거여
　도망치듯 뛰쳐나오고 말았어 태몽을 믿었어야 했는데 그런 델 찾아갔던 내가 너무 어리석었지
　다섯 번째 이번에도 딸이라니 눈앞이 어질어질 땅이 푹푹 꺼져서 넋 나간 허깨비 몰골이 따로 없었어
　다섯씩이나 딸만 낳고 아들을 못 낳는 여자, 집안 대를 잇지 못하는 여자, 친정으로 쫓겨나기라도 하면 그것은 안 되는 거였지
　이 아이를 낳아서는 안 되겠구나 어떤 일이 있어도 이 아이를 낳아서는 안 되겠구나 차마 해서는 아니 되는 몹쓸 생각

임산부가 끼니 거르고 허기 견디는 게 쉬운 일 아니었지, 허리끈 졸라매고 복부 압박하기, 언덕에서 뛰고 구르기, 독한 풀뿌리 삶아먹고 별 짓 다 해보았지만 하루가 다르게 배는 불러오는 거여
  그렇게 계절이 지나가고 다가온 해산 날, 심란하게 늦봄 우박은 왜 그리 쏟아지고 천둥은 울어대던지

  아들이다 아들 우리 장손이 이제야 태어났네! 할머니 감격스런 목소리가 아득하게 들려오고, 죽일 년 내가 죽일 년 천벌받을 짓을 했구나 하마터면 귀하고 귀한 내 아들을 죽일 뻔했구나 난 그냥 까무러치고,
  얼마나 아팠는지 몰라 얼마나 울었는지 몰라, 곡기만 멀리하지 않았어도 물 몇 모금만 더 넘겼어도 젖은 물릴 수 있었을 텐데 이놈의 젖이 나와야지
  소신공양 마다했을까 그저 제발 무탈하기만 바랄 수밖에, 애간장 다 삭았던 심정 어찌 말로 다 해 지옥도 이보다는 나았을 거여

살아줘서 고맙고 이렇게 장성해서 고맙고 모든 게 다 고마워 이 날 이때까지 다듬이 돌 하나 가슴에 얹고 산 죄인이었어 어미는

 문풍지를 흔들던 바람은 방안의 평화를 깰 수 없다는 듯 되돌아가고, 눈물범벅 어머니 손 마주 잡고 울면서 들었던 어느 해 가을밤 이야기

 밤참 국수 젓가락도 못 댄 채, 어머니와 나 그렇게 앉아 밤을 지새던......

고향무정

오십 넘어가도록
장가 한 번 못 들어본 사내

오십 넘어가도록
살림 한 번 못 차려본 사내

오십 넘어가도록
혼자 밥하고 빨래하는 사내

고향땅 지키고 산 죄
부모님 모시고 산 죄
농사일만 하고 산 죄

農者天下之大本 시절에 태어날 일이지
하필이면 요즘 세상에……

고향 바다

喪中
주말까지 휴무합니다
경황없이 써 붙인 선창가 횟집 침울한 문구
번잡한 소음은 한순간에 뚝 그치고
외딴섬 폐가처럼 적막에 쌓여있다

쇠줄 둘둘 감아 자물쇠 걸어 채운 수족관
무자비한 뜰채 포획질 멎은지도 벌써 사흘째
익숙지 않은 고요에 되레 신경이 곤두선다
어른거리는 그림자에도 소스라칠 지경이다

납작 엎드려 몸을 오므려도 은폐가 안 되는 구역
지척의 바다를 향해 수 없이 돌진을 감행하였으나
그때마다 가차 없이 두상에 일격을 가하는 차단막
탈출 시도는 번번이 무위로 끝이 났다

빠져나갈 조그만 틈새조차 허락되지 않고
견고한 유리벽을 깨뜨릴 묘수 또한 난감하다만
결코 포기할 수 없는 탈출의 의지
온몸을 감싸주는 자유 천지의 바다를 어이 잊으리

선잠 깬 갈매기 울음이 비릿한 해초 내음이
밤새 방파제를 부술 듯 달려들던 거센 파도가
넋을 놓아서 안 되느니 기어이 바다로 가야 하느니
일깨우고 타이르고 채근하는 심야

괘종시계 열두 점쳐 자정을 알리고
기다렸다는 듯 동공에 기를 모아 전투 태세
참돔의 지휘 아래 사생결단 작전 돌입
지느러미 빳빳이 세워 일제히 솟구치는 용사들

마음은 이미 그리던 바다에 닿은 듯하다

空

천둥은 먹구름 속에서 괴성 내지르고
서리 묻은 찬바람 북악北岳을 허물듯
수목樹木 헤집어 잎새 죄다 떨구는 밤
난무하는 풍경 소리 기와 금가는 소리
아득히 먼 곳으로 별 하나 사라진다

후원後苑 나목 사이 흩날리는 낙엽
백자白磁에 촛불 그림자 어리는 삼경三更
가랑잎처럼 창백한 박제 사슴
병마病魔에 쇠약해진 서른두 살 청년靑年*
허허로운 용안龍顔에 그늘이 진다

근엄한 가식의 뒤편 심중心中에 각인된 강화
독주毒酒로 다스린 묵언默言 회상回想
노을 지는 파도 위에 꽃잎 날리고
눈보라 속에서도 뻐꾹새는 울었다
파도가 삼켜버린 첫사랑 연정戀情
애달픈 옛 사연은 끝이 없더라

숙명宿命, 경천동지의 그날
인고忍苦의 처절한 유배流配가 풀리고
초조와 기대와 불안이 교차하는 뱃머리 난간
고개 들어 눈에 담은 마지막 정경情景
푸르고 넓은 바다, 멀어지는 강화섬
천지신명이시어 천지신명이시어

태산보다 버거웠던 억조창생의 지존至尊
한없이 고독했던 질곡桎梏의 여정旅情
곤룡포 벗어놓고 면류관 내려놓고
백설白雪이 강산을 새하얗게 수 놓는 날
무명 적삼에 집세기 한 컬레 나 홀로 가리라

* 철종 (조선 왕조 25대 왕 1849-1863) 며칠 후 설달 초여드레 그의 영혼은 대궐 하늘을 벗어났다

공중전화 추억

재개발한다고 헐어버린 산동네 공터
드나드는 이 없는 폐쇄된 방범초소처럼
덩그러니 서있는 공중전화 부스
소낙비 피하려고 후다닥 뛰어들었다
전화기는 칠이 벗겨지고 천정은 거미줄 치고
바닥은 고양이가 화장실로 사용한 흔적이 분명하다

사람들 손에 손에 휴대폰이 들려지기 전까지는
한참을 줄 서서 기다려야 했던
시계를 몇 번이나 들여다보며 발을 구르던
기쁜 소식은 웃으며 큰 소리로
슬픈 소식은 울먹이는 소리로
데이트 약속은 한 손으로 입을 막고 작은 소리로
낮이나 밤이나 그 어느 때나
동전 몇 개로 연락을 해결하던 곳

파적 삼아 동전 넣고 수화기를 들어본다
철커덕 동전 떨어지는 소리
063~ 32* ~ 330*
귀에 익은 어머니 목소리
바쁠 텐데 무슨 전화를 자주 해 쌌냐
여그는 아무 일 없고 집안 다 편하다
거그도 별일 없것제 그만하고 얼른 전화 끊어라

소나기 덕분에 오랜만에 어머니 목소리를 들었다
느릿느릿하던 말투가 통화할 때는 급해지시던
요금 많이 나온다고 아버지도 안 바꿔주시던
만나면 그때 못한 말이라고 붙잡고 안 놔주시던
비는 그쳤는데도 부스에서 바로 나와지지 않았다

세월이 많이도 흘러갔다 DDD 그 부호가 참 낯설다

局外者

날씨가 안 좋아 고생되시겠습니다
빈 말이라도 그런 인사는 하지 않았다
대충대충 닦으면 안 된다고
번쩍번쩍하게 해놓지 않으면
내년에 다시 일을 딸 수 없다고
용역회사 사장은 퉁명하게 내뱉었다
잡부가 무슨 예의를 바라겠냐마는
연장자에게 막 대하면 안 되는 거지
경제가 어떻고 적폐가 어떻고
친일이 어떻고 반미가 어떻고
미사일 발사를 하네 마네 해도
빅 바겐세일 현수막 펄럭이는
대한민국 백화점은 인산인해다
손바닥만 한 판자 쪽에 걸터앉아
한 손으로 흔들거리는 밧줄을 잡고
유리창에 묻은 먼지를 닦아 낸다
후려치는 칼바람에 등짝이 시리다

비누 거품이 얼굴에 달려들고
입술은 얼어붙고 턱이 덜덜거린다
유리벽 하나 사이에 두고
허공에 떠서 칼바람에 떠는 자와
따뜻하게 쇼핑을 즐기는 사람들
온도차만큼이나 다르고 다른 세상
반나절이 넘도록 공중에 매달려 있다
즐거이 어딘가를 향하는 사람들 물결
나는 허공에 뒷덜미 잡힌 짐승
마른침을 꿀꺽 흡연욕구를 누른다
골목마다 십자가는 저리도 많은데
축복은 언제쯤 내려오는 오는 것이냐
무사히 땅바닥에 발을 붙이고서야
아들놈 면접시험이 오늘이라고 했지
장갑 벗고 더듬더듬 휴대폰을 꺼내든다
손가락이 곱아 잘 펴지지가 않는다

궁예*

한껏 푸르른 갈대 숲에 바람이 인다
산자락을 돌아 바위를 비켜 오는 바람
산정호수 잔잔한 봄 물결 위에
한 사내의 울음소리를 내려 놓는다

한 쪽 눈을 잃어버렸다는 사내
열일곱 해를 황제로 살았던 사내
무소불위 권력을 가졌던 사내
그 사내가 생의 종말을 맞았다는 곳
명성산 갈대밭 여기쯤이었다던가

거칠어진 두 손 짐승처럼 묶여버린
땀 젖고 비 젖은 후줄근한 몸뚱어리
한쪽 눈으로 바라보는 이승의 마지막
하늘빛도 구름도 물소리도 그대로건만
착착 눈앞에 다가오는 주검의 시간

죽음 앞에서야 허무를 깨닫는 것은
제왕이나 필부가 무엇이 다르더냐
단칼에 목이 베어지고만 사내
한 쪽 눈이나마 감지도 못한 사내
양지 녘에 묻히지 못하고 버려진 사내

옴마니반메훔 옴마니반메훔
최후의 순간 속으로 외었을까
색즉시공 공즉시색 색즉시공 공즉시색
입술을 깨물면서 고개를 저었을까

이 봄 지나 여름 지나 가을이 올 때
명성산 갈대밭에 서릿바람이 일 때
호수 물결 위에 산 그림자 어른댈 때
그 사내 울음소리 또 꿈처럼 들리려는가

사월의 호수에 노을이 천천히 가라앉는다

* 후삼국시대 (901~918) 태봉국의 황제

그냥 저냥

국밥 한 숟갈 떠 후후 불다 말고
뿌옇게 김 서린 안경을 닦는다
벗고 먹어야 했나
식을 때까지 기다려야 했나

성급하게 골목에 갈겨대는 소변
대화를 빨리 끝냈어야 했나
한 병 덜 시킬 걸 그랬나
마지막 잔은 남겼어야 했나

간발의 차로 닫히는 지하철 문
조금 더 서둘러야 했나
걸으면서 문자를 안 봐야 했나
계단을 뛰어 내려와야 했나

허구한 날 되풀이되는
소소한 일상의 시간 차
뒤통수나 긁으면서 이런 젠장
그러나 알 수 없는 게 사람의 일

굼뜬 소 뒷걸음치다 쥐 잡을 때 있고
무심코 나선 날 장날일 수 있으니
애꿎은 돌멩이 걷어차지 말고
그냥저냥 대수롭지 않게 하루를 살자

한 치 앞 일을 어찌 미리 알겠는가

금단의 사랑

사랑을 모르고 산 가슴 설레기 시작한 건
부처님도 발걸음 안 하시는 무지렁이 꿈속에
붉은 수국 한 아름 안아 들고
양단 치맛자락 문지방 넘어선 그날부터요
이름조차 내뱉을 수 없는 벙어리
눈짓 손짓 떠듬떠듬 알아채는 귀머거리 귀에
난생처음 들려온 amor* 음성
미소 머금은 입술 가지런한 하얀 치아
투박한 손등에 얹어진 눈부시게 하얀 손
내 안에 빛으로 배어드는 서정 메시지
벅찬 감격에 이놈 울컥 눈물을 쏟았지요
새로운 태양이 떠오르고
이미 시든 꽃 다시 피어나고
고사목도 숨을 내쉬는
길바닥 돌멩이도 생기를 찾는
어제의 세상 아닌 신비의 세상
폐허를 갈아엎은 초원 위에
금빛 햇살 머리에 인 무지개 가교

뜻밖의 그물에 걸려든 축복이면서
평생 앓아야 할 열병을 얻었지요
심중에 박혀버린 날카로운 화살촉에
가져서는 안 되는 이름 몰래 싸맨 죄
계절이 오갈 때마다
달빛이 어둠 사를 때마다
밤새 흰 눈이 수북이 쌓일 때마다
이 몸을 옥죄어드는 금단의 사슬
어두운 벽 등에 업고 얼굴을 감쌌지요
이제는 꿈꾸지 않으렵니다
다시는 삼룡이** 꿈속에 들지 마소서
당신은 우러러봐야만 하는 저 하늘의 별
이 몸 죽어 흙이 되는 그날까지
아름다운 비밀 하나 심장에 묻고
사막의 낙타처럼 묵묵히 홀로 갈 테니……

* 로마 신화 사랑의 신
** 나도향 작 벙어리 삼룡

금쪽같은 내 새끼

정월 초사흘 이른 아침
밤새 쌓인 눈 위에
첫 발자국 조심조심 길을 내며
맨손에 광주리 인 어머니와
돗자리 말아 쥔 할머니 따라
마을에서 한참이나 떨어진
농바위 골짜기로 올라갔지요
여기다 공들여 널 낳았단다
준비해 간 음식 차려놓고
얌전하게 절하라 시켰어요
손도 시리고 발도 시린데
한 번 더하라 시켰어요
정갈하게 빗질한 낭자머리
지극정성 할머니와 어머니
무어라 중얼중얼 거리면서
두 손 모아 연신 굽신굽신

할머니 날 쓰다듬고
어머니 소지 사르면
하늘로 타오르는 소망의 불티
고개 숙여 배웅하는 두 보살
콧물 훌쩍거리는 철부지는
추워서 덜덜 떨기만 하였지요
지금도 기억 생생한 전설의 고향
여기에 공들이면 아들 낳는다
누가 맹랑한 인도를 하였을까요
내리 딸만 넷씩이나 낳은 죄로
숨도 크게 못 쉬었던 어머니는
얼마나 애달픈 발품 팔았을까요
이 잘나빠진 아들 얻어보겠다고요

길상사에서

흰 눈이 꿈같이 내리는 계절 그이와 나 소주를 싸들고
산골 초가를 향해 흰 당나귀 등에 다정히 올랐지요
그이 詩를 읽고 외우고 그이 목도리를 두른 나는
그이 눈에만 담기는 그이만의 알뜰하고 독실한 신도信徒
내 가슴속엔 그이 심장이 들어와 숨 쉬었고
내 몸에 흐르는 혈류는 그이 수려한 시구詩句였다오
이깟 재물 그이 詩 한 줄 값에도 못 미친답니다
성스럽게 입을 연 소감이 이러했다던가
천억 대 재산 대원각* 을 쌀 한 됫박 바랑에 넣듯
아낌없이 남김없이 그이 영혼 위해 보시한 자야**
거룩한 연정이여 당찬 여장부여
순박의 서정 문장 펜 끝으로 노래한 모더니스트
그 풍운아 심중에 연지 바른 화살 메고 들어간 자야
자야라는 고운 江 고이고이 보듬은 白石이란 바다
한 수만 가르쳐 주십시오 선생님 詩 잘 쓰는 비결을
아울러 여심 사로잡은 특별하신 재주도요

소생은 말입니다 부처님

詩를 詩답게 쓸 줄 모르는 어중이 서생입니다만
그래도 사내인지라 염치 불고 청하옵니다
살다 살다 살가운 말벗 아쉬워지는 늘그막 언저리
해 저무는 가을 찬비 젖은 은행잎 툭툭 떨어지는 날
당신 어떤 詩 어느 구절이 내 맘에 와닿더라
소주 한 잔 값은 충분히 되고 남는다 손잡아 주는
수더분한 여자 하나 만났으면 각골난망입니다요
잿밥에 얼빠진 놈 나무라지 마시고요
다소 어색스러운 나무 관세음보살
비밀번호 외우듯 중얼중얼 거리면서
지금 꽃무릇 지는 길상사 시월을 서성이는 중입니다
풍경소리 목탁소리 한 귀에 들으면서
치맛 소리 가야금 소리 한 귀에 떠올리면서
白石의 詩 자야의 넋에 한없는 경의를 표하면서
어찌하면 詩 다운 詩 한 편 쓸 수 있나 골몰하면서.

* 옛날 오진암 삼청각과 더불어 한국의 3대 요정 중의 하나 성북동
　소재 현재의 길상사
** 白石의 연인으로 알려진 대원각 소유주 기생 김영한

기다림

들릴 듯 들려올 듯 끝내 무소식

만날 듯 만나질 듯 엇 비켜가고

백목련 필 때마다 먼 산만 본다

제2부

모정의 세월

나와 時間

어둠 가시면 침대에서 내려와 순차적으로 움직이는 습관
소변 보고 양치하고 머리 감고 얼굴에 면도질을 시작한다
입술 오므리고 턱을 쳐들면 절삭은 예리한 면도날의 몫
거품 걷어지는 선 따라 말끔히 제거되는 잔털들
어제의 말끔한 모습으로 되돌아온다

꺼칠해진 얼굴 매끄럽게 다듬고 땀 냄새 씻어내는 일은
하루가 시작되는 첫 번째 의식
타인의 시선과 체면을 중하게 생각한다는 의미

젊었을 적 아버지도 출타하실 땐 면도하고 머리를 손질하셨다
남자는 용모가 단정해야 하느니
거울 속 당신에게 타이르는 엄숙한 표정
산뜻한 차림으로 집을 나서시던 당당했던 아버지

언젠가 生에 마침표를 찍어야 하는 날이 오고야 말겠지만
그때는 그때고……

나의 裸身에게 간곡히 이르는 바이니
청년 근육을 끝까지 유지하라
잇몸은 더 이상 내려앉지 마라
눈초리는 날카로움을 거두지 말라
민첩하고 정교한 행동력을 견지하라
취중에도 제정신을 잃지 말도록 하라
어디서도 할 말 못 할 말 가릴 줄 알라
노화도 잔주름도 흰머리도 여기서 멈춰라
숨을 거두는 순간까지 체통을 지키게 하라
정수리부터 발끝까지 에너지가 충만케 하라

나와 나 마주 서 전신의 푸른 파동을 맹세하는 時間이다.

낙원동

물방울 비키니 소주 모델 아가씨 엄지손가락 치켜들고
오늘은 마음껏 드세요, 환하게 미소 짓는 포스터 아래
즐거운 인생 한 번 살아보지 못하고 등뼈 휜 할배들
달랑 고사 머리 한 접시 놓고 빙 둘러앉아 술잔을 든다

이놈의 청춘 가거나 말거나 세상이 거꾸로 가거나 말거나
갈 때 가더라도 기죽지 말고 살자는 얘기여 내 얘기는
지고는 못 가도 먹고는 갈 수 있다는 게 술이 아닌가
술값 내는 대장 할배 탁자 탕 치며 턱수염 쓰다듬고
얻어먹는 할배들, 옳으신 말씀 신도들처럼 주억거린다

가수 나훈아가 찢어진 청바지에 허리 비틀어 젖히면서
못다 한 꿈 태산 같으니 가는 세월 잡고 싶다 목청 돋운다
입술 붉은 주인 여자 투박한 손마디는 물기에 젖어 있고
반쯤 감은 눈 옛 생각에 머그잔 커피는 저 혼자 식는다

금 간 유리창 너머 줄 끊어진 현수막 뒤흔드는 바람
라일락 꽃잎마저 세상 밖으로 마구 떨궈버린다
참새 떼 날아간 나뭇가지 흰머리칼같이 부서지는 밤비
철 지난 외투 행려병자가 길 잃은 고양이 감싸 안고
목롯집 슬레이트 처마 밑에서 검은 구름을 올려다본다

누군가가 불어주는 애잔한 '메기의 추억' 트럼펫 선율이
비에 젖는 낙원동 골목을 느릿느릿 지나가는 초저녁이다.

老夫婦

해 질 무렵 날마다 들르는 재래시장
뭐 딱히 볼 일은 없어도
부산한 인파 속에 떠밀리면서
운동 삼아 이리 저리 거니는 습관
치매 걸린 마누라 방안에 가둬놓고
혼자 나온 게 영 마음에 걸리는데
비상금은 이럴 때 쓰는 것
이 사람 좋아하는 고기나 좀 사야겠다
앞다리는 비싸니 뒷다리살 한 근 사고
체할지 모르니 까스명수 하나 사고
콩가루 듬뿍 묻은 인절미도 조금 사서
시장을 빠져나가는데
지짐이 냄새가 코를 찔러쌌는다
탁배기 생각 간절하지만 참기로 하는데
어쩌자고 옛날 일은 자꾸만 떠오르나
크다가 죽고 크다가 죽고
연달아 가슴에 묻은 남매

하도 어릴 때라 얼굴도 가물가물하다
무자식 상팔자 그런 소리 하지들 마라
자식 없는 사람 심정 모르는 법이니께
안 되겠다! 되돌아가 술 한 병 사 넣고
어둑어둑 골목길 들어서는 박 영감
눈가는 아까부터 질펀하게 젖고
아이고 시간이 언제 이리 어두워졌는가
마누라 배고플 텐데 어서 가자 어서 가
바삐 걷는 걸음이 더 심하게 절뚝거린다

누가 太初를 보았는가

닭이 먼저라고? 어떻게 생겨났는데?
달걀이 먼저라고? 무슨 수로 나왔는데?
설전만 이어질 뿐 끝나지 않는 미완의 공방

빗물이 강이 되고 강물이 바다를 이루고
바람과 사막 정글은 자연현상이라 하더라도
암 수컷 결합에 의해서만 잉태될 수 있는
생명체는 도대체 어떻게 탄생된 것이냐

이 의문에 해답을 얻기 위해서는

창세기를 낱낱이 훑고 따져야 하며
천지창조의 베일이 벗겨져야 한다
신화를 재조명하다 보면
종교적 마찰은 불가피하다
지구촌 도처에서 세미나가 열리고
논문이 발표되고 삿대질을 해야 한다
흑인들은 창조주에게 저주를 퍼붓고
폭동을 일으킬지도 모를 일이다

매스컴은 논쟁의 전쟁터로 변할 것이다
연일 또 다른 학설이 이를 뒤집고
반박과 반론으로 날이 새고 질 것이다
반대편 무리가 상대편에 기관총을 난사하고
상대편은 반대편에 폭탄을 떠트릴 것이다
급기야 UN이 중재에 나서려 들것이다

그렇다 해도
딱 부러진 결론에는 도달하지 못한 채
의문부호만 난무하다 소강상태에 들어가고
生命의 비밀은 영원히 미제謎題로 남게 될 것이다

太初의 목격자 증언이 존재하지 않으므로

늘그막

조간신문을 펼쳐보다가
세상에 이럴 수가
깜짝 놀라 돋보기 너머를 본다

휠체어에 앉혀진 낯익은 얼굴
아랫도리를 담요로 덮은
그 유명한 축구황제 펠레가* 아닌가

사자같이 그라운드를 내달리던 그가
한 발짝도 걸을 수 없는 환자라니
화장실도 혼자 갈 수 없는 몸이라니
어디 상상이나 가는 일인가

전 세계 축구팬들의 영웅이
하필 다른 데도 아닌 무쇠 다리가
치유 불능 고관절이 웬 말이고
악성 관절염은 또 웬 말인가

어찌하면 곱게 늙을 수 있는가
병 안나고 살 수는 없는가
펠레는 저리 되고 싶었겠는가

욕심부리지 않겠습니다
착하게 살겠습니다
바라옵건대
그냥 별 탈 없는 마지막
한 가지만 원하옵니다
하나님!

* 브라질 축구영웅(1940.10.23.~2022.12.29.)

대추

붉게 물들기 시작한 대추를 본다

푹푹 찌는 무더위에
푹푹 찌어지지 않고
용케도 탱글탱글 영근 대추알

다닥다닥 스크럼 짜서
태풍 장맛비 버텨낸 패기

이제 따사로운 가을볕 아래
오직 고운 때깔로 붉어지리라

붉은빛 물들어가는 대추를 본다

로맨스 그레이

어느 해 봄 목련향 얼마나 좋던지요
살짝 바른 립스틱 왜 그리 좋던지요
어느 여름 무지개 얼마나 곱던지요
우산 아래 그 미소 왜 그리 곱던지요
어느 가을 낙엽 길 얼마나 좋던지요
둘이 걷는 그 길이 왜 그리 좋던지요
어느 겨울 첫눈이 얼마나 희던지요
맞잡은 그대 두 손 왜 그리 희던지요

나지막한 그 음성 얼마나 좋던지요
정겨운 노랫소리 왜 그리 좋던지요
그대 편지 읽을 때 얼마나 좋던지요
깊은 밤 쓰는 답장 왜 그리 좋던지요
붉게 물든 저녁놀 얼마나 좋던지요
별빛 가득 밤하늘 왜 그리 좋던지요
뜻밖의 생일 선물 얼마나 좋던지요
그대 선물 고를 때 왜 그리 좋던지요

얼마나 좋은지요
이리도 좋은지요

독거獨居

노루 꼬리 보다 짧다는 초겨울 햇살
사금파리 한 조각도 따숩게 달궈내지 못하고
땅거미에 골목을 내어주고는
교회 옥상 십자가를 비켜 사라져버렸다

차가운 담장에 기대 휴대폰을 들여다본다
역시나 반가워할 만한 사람의 소식은 없다
스팸 문자를 화난 듯이 거칠게 지워버린다
구겨진 빈 담뱃갑 같은 하루가 또 지나간다
힐끔거리던 고양이가 담장을 넘어 도망친다

실밥 터진 코트 자락에 감춰진 얇은 어깻죽지
고개 숙인 목덜미에 찬바람은 비수로 파고든다
싸늘한 전봇대 붙들고 현기증 추스르는데
불 밝혀진 집집마다 정겨운 웃음소리
철로 변 빛바랜 이정표처럼 막막하기만 하다

먹구름 틈새로 언뜻언뜻 비추는 아득한 별빛
앙상한 손으로 덥수룩한 흰머리만 쓸어올린다
돌연 허리가 끊어질 듯 연거푸 기침이 난다
경적 음 울려대며 골목을 빠져나가는 구급차
어느 가련한 이가 병원으로 실려가는 모양이다

못 갈 데라도 가듯 힘겹게 오르는 고시원 계단
끼니 거른 몸뚱어리는 발걸음이 나른하다
요즘 부쩍 숨이 가쁘고 몸이 무거워졌다
병원에 한 번 가봐야겠다는 생각이 든다
고맙게도 등이 휜 그림자가 아까부터 부축해 준다

돼지비계의 추억

어둑어둑 비석거리 감잎 우수수 바람에 날리던 날
폐렴 주사 맞은 여덟 살 아들놈을 등에 업은 아버지
뒷손에는 포대종이에 싼 돼지고기가 들려 있었고요

토란 대 듬뿍 넣어 끓인 돼지 고깃국
동생들은 두레상에 병아리 떼 같이 둘러앉고
귀한 아들 나는 아버지와 겸상
비계는 건져 가고 살코기는 골라 내 그릇에 옮겨주면서
많이 먹고 기운 차리거라

아버지는 물컹거리는 비계를 좋아하실까 갸우뚱하면서도
나는 열심히 씹고 또 씹고 맛나게 배부르게 먹었고요

고깃국을 끓일 때면 으레 비계는 아버지 살코기는 나
그런 이상한 질서(?)는 오래오래 계속되었고요

설레는 마음으로 읍내 터미널에 도착한 첫 휴가
시장통 "고향 정육점"에 들어서서 큰 소리로
여기 돼지고기 비계 많은 데로 두어 근 주세요

아니 이거 순 비곗덩어리잖아 어느 집에서 산 거여?
　나쁜 놈들 같으니라고 아무리 물정 모르는 군인이라도 그렇지
　사람 먹을 것을 이렇게 팔아! 내 그냥 두나 봐라 이놈의 집구석
　그렇게 노발대발하시는 아버지 모습을 처음 봤고요

　아이고 저는 아버지가 비계만 좋아하시는 줄 알았지요
　소리도 못하고 얼굴만 벌겋게 붉어진 채 아무 말 못 하였는데
　자식이 뭐라고요 아버지 그 맛없는 비계만……

　부전자전이라던가 자식들을 키우면서 살코기를 골라 먹이는
　내 모습을 보면서 아버지 그 마음을 생각해 본다

땅꾼의 반란

  우리에게도 가오라는 게 있다 이겁니다, 말이야 바른 말이지 우리 전땅련* 신세진 사람 어디 한 둘입니까 고객 신상 비밀의 원칙을 철저히 준수하는 고로 일일이 거명할 수 없으나 해만 지면 슬슬 겁부터 나는 시원찮은 얼간이들을 씩씩한 용사로 다시 태어나게 해주었고 저승 문턱 다다른 결핵환자 살려낸 것도 부지기수지요 그뿐입니까, 아들 못 낳는집 절손을 막음으로써 대한민국 국토방위에 이바지한 바 지대하다 아니 말할 수 없지요 또 몬도가네 族**을 비롯한 모모한 인사들 은밀한 부탁을 뿌리칠 수 없어 위험 무릅쓰고 험준한 골짜기 가시덤불 샅샅이 뒤지고 헤매는 맹활약도 서슴지 않았고 소나기 만나면 천둥번개 피하느라 바위 동굴에 쪼그려 앉아 오들오들 떠는 개고생도 하였지요, 그럼에도 의견 수렴 한번 없이 세금 한 푼 안 내고 투표권도 없고 징그럽기까지 한 그것들을 보호하는 [야생동물 포획 및 유통금지법]을 제정하다니요 "사람이 먼저다" 하는 세상에 우리가 뱀 보다 못하다 이겁니까? 그렇지 않아도 비아그란지 뭔지를 약국에서 판매하고 홍삼 녹용에 별의별 정력제가 시장에 쫙 깔리고 나면서부터는 급격한 매출 감소로 인하여 심각한 경제적 타격을 감당할 수 없는 바 부득이 전업을 고려할 수밖에 없는 막막한 참에 생계대책 언급은커녕 사법처리 운운하며 입산을 강제로 통제하다니요, 예 좋습니다 우리가 민노총도 아니고 전교조도 아니고 거창한 무슨 무슨 연대도 아닌데 뭐 어쩌겠습니까, 두릅나무 새순 돋는 이른 봄부터 서릿발 비치는 가을날까지 새벽이슬 털면서 산속에 들어 산 소리 산 내음에 취해 살다가 어스름 달빛 등에 지고 내려오는 천직이라 여겼던 땅꾼 인생 정리하고 깨끗이 하산을 결심할 수밖에 없었지요 그런데, 작금에 이르러 논밭에 비닐하우스에 난데없이 뱀이 출몰하고 골프장까지 침입하여 캐디가 기절초풍 나자빠지고 심지어 도시 아파트 화단에서까지 똬리를 틀고 혀를 날름날름하니 무섭기는 무서운 모양이지요, 우리는 모릅니다 그것들에게 사주한 사실이 없을 뿐만 아니라 내심 바란 적도 없으니 법적 도의적 책임 또한 없다고 사료되는 바입니다 뿔뿔이 흩어진 전땅련 회원들 연락도 다 끊겨버려서 소집할 방법도 여의치 않습니다 잘난 야생동물 보호단체나 환경포럼 아니면 국민청원 담당 부서와 상의하시기 바랍니다, 기 집행된 적발 행위는 분명 문제가 있었다는 걸 동지들 이름으로 지적하는 바이며 아울러 존중은 고사하고 매사 단속 대상인 우리에게도 존귀하신 귀하들 못지않은 준법정신이 있다 하는 점을 다시 한번 강조하는 바입니다.

* 전국 땅꾼 연합회
** 몸에 좋다면 가리지 않는 엽기적인 사람들

몽유

현해탄 뱃길 따라 둘이서 걸으리까
하얀 거품 물결 위를 맨발로 걸으리까

만리장성 벽 따라 둘이서 걸으리까
머리에 달빛이고 한없이 걸으리까

새처럼 저 하늘을 둘이서 나르리까
부신 햇살 쪼아대며 천만리 나르리까

베갯잇 두루미 잠 못 이루고
달빛도 잠시 구름 속에 드는 삼경

닿을 듯 가까운 거리에서
내 이름 부르며 다가서는 그림자

어서 오시게 고마운 사람아
내 손 잡으시게 반가운 사람아
가슴에 기대시게 그리웠던 사람아

오! 달콤한 꿈속의 여행

마이 웨이

한쪽 팔 없는 사내가 헬스장 안으로 들어섰다

줄넘기를 하는 사람
자전거 페달을 밟는 사람
런닝머신 위를 달리는 사람
역기 들고 호흡 고르는 사람
거울 앞에서 포즈 취하는 사람
요가 자세로 눈 감고 있는 사람

모두들 호기심 가득한 눈빛으로 웅성웅성
저 사람 여기 뭐 하러 온 거지?

관객 반응 아랑곳없이 연기에 몰입하는 무언극 배우
나풀거리는 빈 소매 위 주머니에 찔러 넣고
손에 익은 악기 다루듯 아령을 들고 몸을 푸는 사내

두 몫 해내는 팔 하나 있으니
바위라도 번쩍 들어 올리지 못할까
두 다리는 짱짱하니
마라톤 완주인 들 못 해낼까 보냐

구슬땀을 흘리며 한 손으로 바벨을 들고
거울에 비친 자신과 약속을 주고받는
희망 가득 찬 저 사내의 구도자 같은 표정

한 줄기 섬광이 내 가슴을 획 긋고 가는 순간이다

막차로 오는 사람

역전 광장에 장맛비 쏟아지는 저녁
보랏빛 레인코트 깃을 올리고
비 젖은 시계탑 아래
막차로 오는 사람 기다리고 싶다

딱히 마음 전한 적 없었어도
오다가다 마주쳤던 눈빛 인사
많은 세월이 흘러가버렸지만
내 마음 알 것만 같은 사람
우산도 없이 내릴 것 같아

우아한 모습 아니더라도
눈가에 잔주름 깃들었어도
옛날 모습은 많이 남았겠지
깜짝 놀란 표정 상냥한 침묵
플랫폼 계단에서 마주치고 싶다

많은 날이 가는 동안
그리운 날 참 많았다고
이렇게 장맛비 쏟아질 때면
굽이치는 강물도 소리 내 울고
강가의 나도 눈시울이 젖었다고

빗속에 천천히 언덕을 돌아오는
막차로 오는 사람 기다리고 싶다
비에 젖어 홀로 선 접시꽃처럼
흠뻑 젖은 레인코트 차림으로……

맙소사

입 다물고 산다
못 본 척하고 산다
못 들은 척하고 산다
세상이 왜 이래?
한 마디 했다가는
어느 쪽이냐 따질 것 같아
오랜만에 친구를 만나도
싱거운 안부나 주고받고
우습지 않은데 그냥 웃고
건배! 하면서 술만 마신다
되도록 tv에서 멀리 앉는다
손바닥만 한 나라에서
그나마 두 동강 난 나라에서
진보는 무엇이고
보수는 무엇이며
중도는 또 무엇이냐
내 쪽은 무조건 선
저 쪽은 무조건 악

핏대 세우고 게거품 문다
웬수도 이런 웬수가 없다
이번 주말 광화문 광장
조용할지 모르겠다
서울역도 모르겠다
최루탄이 없어서 다행이다
오늘은 두어 시간만이라도
굵은 빗방울이 쏟아지라고
속으로 바래보는 것이다
잘 가시게 친구여
취하기 전에 일어나세나
무슨 시비라도 생기면
늙은 우리가 뭘 하겠는가

대한민국! 대한민국! 대한민국!

머무르고 싶은 풍경

강촌 어디쯤 억새풀 숲 언덕배기
조용한 마을 외딴집 한 채 얻어

채소 심고 화초 가꾸면서 지내보면 안 될까
보름에 한 번 한 달에 한 번 살다 오면 안 될까

녹슨 양철지붕 얼기설기 흙벽방 값진 세간은 없다 해도
무명 이불 하나면 낙원인 것을

기타 소리 담장 넘어간들 누가 시끄럽다 들창문 두드리리
소곤소곤 날밤 지샌들 그 누가 훔쳐보고 입방아를 찧으리

강물에 종이배 띄워 보내고
물고기 먹잇감도 던져주고
콧노래 부르며 노를 젓고
평상에 누워 별을 세고
풀벌레 우는 밤엔 시를 쓰고
곱게 물든 단풍 화폭에 담고
뜨락에 쌓인 눈에 갇혀도 보고.

새벽 강변 거닐다 안갯속에 마주 서서
눈으로 말하고 눈으로 알아듣고
말이 필요 없는 다정한 입맞춤

세상에 없는 척 숨어들어 어쩌다 한 번 그리하면 안 될까
한순간도 놓아주기 싫은 사람아!

명찰

잊히지 않는 이름이 있다
생생한 이름이다

입안에 맴도는 이름이 있다
입 밖에 못 내는 이름이다

아카시아 같은 이름이 있다
HONEY 향 나는 이름이다

가만히 불러보는 이름이 있다
대답 없는 이름이다

글자로 못 적는 이름이 있다
숨겨둔 이름이다

남이 몰라야 할 이름이 있다
나만의 이름이다

지그시 다문 입술 저 안쪽
탄탄하게 박혀있는 사랑니 같은

그런 이름 하나가 내 안에 있다

모정의 세월

한 손 올려 머리에 인 보따리 붙들고
또 한 손에 달걀 꾸러미 든 어머니 따라
시오리 재 너머 장 보러 따라가선 날

무거운 짐 어머니 이마에 땀방울 맺히는데
철부지 머릿속은 온통 새 운동화 생각뿐
성가시게 치맛자락 붙들고 연신 졸라댔네

헛디디지 않을까 힘들지 않을까 어머니 자주 내려다보고

국수 한 그릇 시켜 놓고
나는 괜찮다 물 마시고 천천히 먹어라
빈속으로 넘어오던 산마루
설익은 다래 하나 우물 우물거리다
아이고 써 뱉아버리는 어머니
꼬르륵 소리 나는 듣지 못했네

보리밥 한 덩이 찬물에 후루룩 어머니 밭으로 가고
운동화 품에 안은 철부지는 노루 새끼처럼 껑충거렸네

어머니는 지금 병원에 계시네
걷지도 못하고 말도 못 하는 뇌경색
이제는 그 무엇도 다 해주고 싶은데
아무것도 필요가 없게 됐네
눈빛으로 말씀하시는 어머니
끼니 거르지 말라시네
바쁜데 어서 일어나 일 보러 가라 하네

국수 한 그릇 맛나게 드시는 거 한 번이라도 보고 싶네

미라*

갓난쟁이 세상에 나와 어른 돼 가면서
生의 끄트머리 어디 가늠해 가며 산다던가
무덤 속의 나 어디 상상이나 해 봤던가

쫓기듯 순간인 듯 허망스레 쇠한 생애
어느 한 날 운명의 칼날에 풀잎처럼 베어져
검은 땅속에 유폐당한 다섯 자 반 몸뚱어리

촘촘히 짓누르는 흙더미 아래
옴짝달싹 미동도 허락지 않는 속박 형벌
사지를 죄는 압박 으스러질 듯 고통스럽다

흙 속에 들어서도 흙이 되지 못하고
소리 없는 비명 내지르며 우는 나는
어느 악귀의 주술에 걸려든 것이오
빛 한 줌, 물 한 모금, 숨구멍 하나
소소한 자비조차 거부당한 지하 監獄
벗어날 방도는 정녕 없는 것이오

이 고독한 몸부림을 외면하지 마시오
"고이 잠드소서" 이 묘비 치워주시오
무덤 파헤쳐 날 장작더미 올려주시오
나의 전부 이대로 활활 불태워주시오

아무런 숨도 감각도 없는
먼지 하나로도 존재하지 않는 無
오로지 이것 하나 간절히 원하는 바
영혼까지 불살라 날려보내주시오
다시는 생명으로 세상에 오지 않을 터이니

* mirra 사체가 부패되거나 분해되지 않고 수분을 상실하여 건조한 상태가 되는 현상

미스터리

맛깔스러운 전어구이 사진과 함께
집 나간 며느리가 돌아온다고
횟집 간판 아래 플래카드 내걸었다

며느리 가출한 게 뭐 자랑이라고
포목점 철물점 정육점 금은방 구둣방
다른 집 며느리들 말짱하게 잘 사는데
이 집 며느리만 역마살 붙은 건지

발 없는 말이 천 리를 간다는데
남 말 좋아하는 동네 여편네들
그 싼 입들 무슨 수로 막으려고
아드님 체면도 생각 좀 하셔야지

슬금슬금 눈치 보아가며
전어구이 안주로 소주 두어 병
알딸딸할 때까지 아무리 살펴봐도
당최 며느리 가출한 집 같지는 않은데

며느리 진짜로 집 나갔냐고
무슨 문제 있던 거냐고
작년에도 써 붙였던 거 같은데
이번에는 정말 오기는 오는 거냐고

차마 물어보기도 뭣해서 술만 몇 잔 더 마시고
어두운 담벼락에다 냅다 소변만 갈겨대고 왔다

미운 사내

세 살 버릇 여든까지 간다더니
소심하고 변덕 많고 우유부단한
어릴 적 버르장머리 여태 못 고치고

아는 게 힘이다 전집 할부로 들여놓고
절반은커녕 몇 권 간만 보다가
나중에 보자 한 게 몇 해를 넘기고

사람 좋다 소리는 듣고 싶어서
마음에도 없는 양보를 하고 나서는
꼭 뒤에 가서 볼멘소리나 늘어놓는

헬스클럽 일 년 치 등록해 놓고
이 핑계 저 핑계 가다 안 가다
결국 아까운 회비만 날리고 마는

"절대 금주" 책상 앞에 써 붙여 놓고
다짐 또 다짐 채 열흘도 못 가
알딸딸 혀가 꼬부라지는 꼬락서니라니

형편없는 한 사내를 바라봅니다
그 사내가 나를 빤히 쳐다봅니다
오늘따라 이렇게 미울 수가……

잽싸게 거울 앞을 벗어납니다

바람 부는 섬

진눈깨비 허공을 난무하고
바람은 점점 사나워진다
송두리째 흔들리는 섬
우리는 포구에 발이 묶였다
이렇게 남게 된 것이
천재일우의 운명이기를
섬은 이미 어둠에 쌓이고
여기는 모두 낯선 타인들
태풍이 멎을 때까지는
아침이 올 때까지는
신이 허락한 우리의 시간
오늘 이 섬은 우리의 제국
내일은 지옥에 들지라도

능금나무 장작을 준비해서
차가운 벽난로에 불을 붙이자
빛깔 고은 와인으로 건배하고
산처럼 쌓인 보따리를 풀자
성난 파도는 울부짖고
태풍이 온 섬을 할퀴고 다녀도
우리는 우리 시간에 충실하자
동백은 소금기 연신 뱉아내고
풍경소리는 바람에 흩어지고
딱따구리 절벽에 제 이름 쪼고
선잠 깬 갈매기 목청 돋울 때
우리는 우리를 다독여 감싸자
생애 마지막 우리의 짧은 해후

벽

연습도 없이 성화는 꺼지고
어두운 거리를 목석같이 비켜가는 낯선 타인들
동행의 소매를 놓쳐버린 난쟁이 울음을 터뜨린다
삿갓 쓴 앳된 여승 파리한 얼굴을 든다
바랑 끈 잡은 손이 서럽게도 곱다
바람이 차갑습니다 울지 마세요
나직한 음성을 뒤로한 여승은 성벽을 따라 멀어진다

신열이 번진 육신을 달래어 단전에 기를 모은다
수직의 벽 앞에 다소곳이 가부좌 튼다
벽에 걸린 미소 짓는 아버지의 초상화
뒤척이다가 잠 못 드는 밤이 많습니다
거미줄에 걸려든 나비처럼 허우적댑니다
당신을 마주하는 시간에는 공황이 멈춰집니다
아버지 아무 말씀 없이 미소만 지으시고
색바랜 벽도 요지부동 아무런 반응이 없다
벽은 나를 달래지 못하고 나는 벽을 밀어내지 못한다

대나무 울타리가 강풍에 몹시 몸살을 앓던 날
징 소리 맞춰 버선발로 숭어뜀을 하는 무녀
제단 차린 벽 앞에 어머니는 무엇을 빌었습니까
작두날에 놀란 소년 겁에 질려 소변을 지리고
탱자나무 가시에 찔려 눈물을 쏟고 말았던 밤
발정난 고양이는 괴상한 소리를 내며 배회하고
밤이 이슥하도록 멀리서 개짖는 소리가 들렸다

그리워 애타게 불러보는 어머니
소리는 벽을 넘지 못하고 되돌아온다
가늠할 수 없는 주소에서 들려오는 당신의 음성
가슴으로 들어야 하는 귀머거리
눈 감아도 떠오르는 어머니 손때 묻은 황토벽
발자국도 그림자도 자취 없이 사라진 자리
주인 잃은 물레에 세월은 먼지만 잔뜩 쌓아놓았다

바람으로 떠돌던 나는 마침내 사랑채 벽 아래 봇짐을 푼다

제3부

신들은 어디 있는가

보우하사

죽어라 죽어라 잠 못 이루는 밤
보고 싶다
보고 싶다
꼭 한 번 보고 싶다

취한 김에
밤새 휴대폰에 문자 눌러보는 것이나

볼펜심 침 발라가며
넋두리하듯 마구 써 갈기는 짓거리나

날이 새면 다 지워지고 마는 문장이지

그래도 다시 접어 넣는 희망사항 하나는

눈부시게 햇살 따사로운 날
새 옷 차려입고 거뜬히 십 년은 젊어 뵈는 날
우연하게 기적같이 우연하게
시청 앞 건널목에 마주 보고 섰다가
마주치는 순간 깜짝 놀라서
한 장면 영화 같은 키스까진 몰라도
누가 먼저랄 것 없는 극적인 포옹
세상에 이렇게도 만나지다니
참아지지 않는 기쁨의 눈물
정말이지 한 번 그리될 수 있다면

무얼 더 바라겠습니까 하느님!

비 오는 생일

국밥집 여자는
펄펄 열나는 찜통에서
푹 삶아진 돼지다리를 건져 올린다

김 나는 고기를 바르는
쉰아홉 투박한 손가락이 가늘게 떤다

한여름에 나올 건 뭐여
볕 좋은 봄이나 가을에 나올 일이지

나이 드니 혼자 먹는 생일밥이
그렇게 허전할 수가 없는데

혹시나 들여다보는 핸드폰에는
온종일 그놈의 재난문자 뿐

세상 떠난 남정네야 하는 수 없고
하나밖에 없는 아들놈은 감감무소식

오락가락하는 장맛비에
진종일 기분이 뒤숭숭하기만 하다

오늘이 내 생일인데……

비껴간 해후

설거지에 분주한 아내 등을 두드려주며
마지못해 나가는 듯
미안함과 시큰둥이 교차하는 표정으로
애써 휘파람을 눌러 참는 어설픈 연기자

동창회가 이래서 좋다는 거 아니냐
숙이가 온단다 마지막 기회일지도 몰라
이제껏 한 번도 안 나온 애잖아
담에 또 참석한다는 보장이 없다니까

회상이라는 강가에서 얼마나 불러본 이름이던가
소심한 가슴에 또렷하게 그려지는 그 뽀얀 얼굴

폼 잡는다고 외제차 가져오지 말고 지하철로 와
번지르르하게 제비처럼 쫙 빼 입지 말고
카톡 방 약도 참고해서 늦지 않게 잘 맞춰서
알써! 고마운 친구야 그 정도는 나도 알아

이보다 설렐 수는 없지 이보다 좋을 수는 없지
이 색깔 저 색깔 맸다 풀었다 넥타이 고쳐 매고
머리 손질 다시 하고 비상금 따로 챙겨 넣고
완전무장 아니 출발준비 이상 무!

전철 안은 온통 휴대폰에 시선을 뺏긴 사람들
어! 휴대폰 내 휴대폰 어디 간 거지?
허겁지겁 아래위 주머니만 들락거리는 빈손
이런 젠장 탁자 위에 놓고 깜박한 이 건망증

약도를 확인했어야 했는데 이미 때 늦은 후회
동창회장 번호가 010 말고는 떠오르지 않는다
서둘렀던 거지 들떴던 거지 정신이 나갔던 거지
이러지도 못하고 저러지도 못하고 발만 구른다

나의 첫사랑은 도대체 언제나 볼 수 있는 것이냐

사랑합니다

느 아버지 옆에는 안 묻힐란다
뚝 떨어진 먼 곳에 따로 묻어다오
죽어서 꺼정 허구한 날 술상 차리기 싫으니께
당부하는 내 말 당신 아들 귓등으로 들었는지
당신을 내 곁으로 모셔 왔네요

당신 보내고 나니 적막강산이 따로 없더이다
아쉽고 그리운 마음 어찌 말로 다 하겠소
효자 열보다 악처가 났다는 말 빈말 아닙디다
당신이 악처였다는 얘기는 절대 아니요
자식이 잘한다 해도 어찌 당신만 하겠소

한세상 이리 쉽게 흘러갈 줄 몰랐네요
이제 와 생각하니 미안한 마음만 앞섭니다
당신 두고 먼저 온 것도 도리가 아니지요
술주정 한 번 안 하시는 양반이셨는데
해도 해도 산더미 농사일에 지치다 보니
속 좁은 아녀자 원망도 많았겠지요

세상에 부인 같은 심성도 드물지요
언제나 환한 얼굴 정갈한 음식 솜씨
당신은 언제나 내 자랑이었지요
살아생전 당신께 감사하다 못한 말
미안하기 짝이 없고 면목이 없소이다
어찌하여 인생은 한 번밖에 없는 거요
두 번만 있어도 당신 은공 갚을 것을

당신 옆에 묻힐 수 있어서 너무나 행복하오
생전에 못 해준 말을 오늘에야 합니다
사랑합니다! 사랑합니다!

서천댁

 어이 최 씨! 집에 있능가? 나이 많은 어른들이나 비슷한 또래들은 이렇게 부르고 조금 층하 지는 사람들은 저기 최 씨 아녀? 그러니까 최 씨는 동네에서 별 볼 일 없는 사람 중 하나다, 가재 발 씻을 만한 논배미 하나 없고 송곳 꼽을 밭 뙈기 한 평 없는데 어떤 시러베 아들놈이 공손하게 대우해 주겠냐 청솔가지 불 지필 때처럼 눈물 질편한 서천 댁 푸념이다, 딱 한 가지 최 씨가 실력(?)을 유감없이 발휘하는 게 있다 잔칫날이나 명절 때 돼지 잡는 일이다, 네 다리를 두 다리로 묶어 쓰러뜨린 돼지 모가지에 칼을 찔러 넣고 양동이 갖다 대면 벌겋게 쏟아지는 생생한 피, 뜨거운 물을 퍼붓고 예리한 칼날로 슥슥 털을 밀어내고 배를 가르고 내장을 꺼내고 부위별로 척 척 해체하는 솜씨의 보상은 비계와 뼈가 절반을 넘는 묵직한 고기 한 덩어리, 어쨌든 모처럼 고기 맛 본 가족들은 걸신들린 듯 먹어댔고 이런 재주라도 있으니께 니들 고깃국 실컷 먹은 겨, 오랜만에 아버지 노릇하고 탁배기 한 잔 불콰해진 최 씨 벽 기대어 코 골아대고, 없이 살아도 체통이 있어야 하는 법인디 너희는 커서 나물 먹고 살지언정

절대로 백정 흉내 내는 칼잡이는 하지 말거라, 몇 군데나 해진 양말을 꿰매며 한숨 쉬는 서천 댁,

 핵교 많이 못 보낸 어미가 무슨 염치로 이런 말 할 자격이 있겠냐만 쌔고 쌘 장사 중에서 하필이면 괴기 장사가 웬 말이여, 고향 사람들 알면 부전자전 즈 아버지 닮아서 그렇다 안 하겠냐, 어머니 이건 내가 직접 소 돼지 잡는 게 아니고요 어디까지나 축산물 유통업이라니까요 아버지 하고는 다르지요, 여기 명함 보세요 떡 하니 희망축산 유통 대표 이렇게 되어 있잖아요 내가 거래하는 정육점이 한 백 군데 된다니까요 이 사업 해서 아파트 사고 애들 가르치고 요번에 타이탄 냉장차도 새로 장만했잖아요, 그려 그건 장한 일이고 명색이 사업이라는 것도 알겠는디 나는 아들이 초등핵교 때부터 반장도 하고 공부도 잘해서 큰 출세는 안 바랐지만 버젓하게 행세하는 사람이 되었으면 해서 해보는 소리여, 하기야 요즘 세상에 남한테 해코지 안 하고 도둑질 안 하고 욕 안 먹고 사는 것만도 고맙다 생각하면서도 우리 아들이 너무 아까워서 해보는 소리여

부모 마음이라는 게 다 그려, 자식들 더 커봐 늙으면 자식 힘으로 산다고 반듯하게 성공한 아들 싫어할 부모는 세상에 없으니께 나는 무지렁이로 살았어도 자식은 잘 되기 바라는 게 틀린 생각은 아니잖아, 잠자코 들어주는 아들을 흡족하게 바라보는 서천댁.

수다의 품격

 나 괜찮은 여자야 얼굴 이만하면 미인 편에 들어가고 키도 이 정도면 표준 키 몸매도 날씬하잖아 이 가는 허리 좀 봐 누가 내 나이 보겠어 피부도 뽀얗고 부드럽잖아 한번 만져봐 손가락이 통통 튄다니까

 무엇보다 화장발이 기막히게 잘 받아 비싼 거 안 쓰는데도 말이야 난 깍쟁이는 아니지만 외제 같은 건 조그만 향수 하나 안 사거든 그리고 난 옷걸이가 좋아 아무 옷이나 잘 어울려 친구들 버릴까 하다가 나한테 준 거 내가 입으면 딱 내 거잖아

 난 언제나 즐겁게 살려고 해 다들 그러더라고 웃는 얼굴이 매력 있다고 난 항상 웃거든 나라고 성질 없고 화날 때 없겠어 그럴 땐 화장실 문 잠가놓고 미친년처럼 고함도 지르고 욕도 하고 그래 왠지 알아 사람들 눈이 얼마나 무서운데 발 없는 말이 천 리 간다잖아 조심해야 하거든

 나는 착한 여자야 내가 누구 흉보는 거 봤어 다 이해해주잖아 남 허물 들추는 게 아니야 그래야 내 말도 안 하지 내게도 약점 같은 거 왜 없겠어 뭐냐고? 고거는 말 못해 프라이버시니까

난 소박하게 살려고 해 품위 있게 칼질하며 스테이크 먹는 것도 좋아하지만 전통시장에 퍼질러 앉아 떡볶이 순대도 잘 먹어 초딩이 머스마 동창들 만나면 막걸리도 마시고 호프집에도 가 한 마디로 소탈하다 이 말씀이지

선글라스 끼고 있는 폼 없는 폼 다 잡지만 시댁에 내려가면 몸뻬 갈아입고 농사일도 잘 거들어

새참 내가는 것은 물론 싹싹한 내 몫이지 그러니 인기가 안 좋겠어?

학교 다닐 때 공부는 잘했냐고? 중간 정도야 난 거짓말 안 해 머리 나쁜 게 부끄러운 건 아니라고 생각해 내 잘못은 아니니까 머리 좋고 땡땡이치는 애들이 문제지 행복은 성적순이 아니더라고 공부 잘했던 애들 시집 잘 못 가 고생하는 거 보면 그런 거 같아 여자는 뭐니 뭐니 해도 남편 복이 있어야 된다니까

내가 아무리 조신하게 살아도 오해하는 사람도 있나봐 나도 그런 사람은 싫어 부처님도 나찰 꼴은 못 보고

하느님도 자기 안 믿으면 천국에 안 데리고 간다잖아 푼수 같은 말이지만 누가 물어보면 내 말 좀 잘 해줘 괜찮은 여자라고

참 나 음식 솜씨 끝내줘 못 하는 음식이 없어 내 손만 닿으면 다 맛있어지는 거 있지 식당 차리면 떼돈 벌 거라고 난리라니까 언제 한 번 우리 집에 놀러 와 꼭 먹어봐야 해 어휴 오늘은 그만할래 교양 있는 여자가 말이 헤프면 격이 떨어지는 법이거든 그런데 자기는 아까부터 아무 말도 하지 않고 왜 듣고만 있는 거지?

詩 같은 詩

보습 날 닿기 전에는
수목 심고 꽃씨 뿌려 가꾸기 전에는
수려한 대공원도 척박한 땅덩이였으리

세상이 알아주는 名詩도
펜 끝에 내려와 글이 되기 전에는
뇌 속을 들끓는 상념 덩이에 불과했으리

잡음 섞인 낡은 흑백영화 대사처럼
입속에서 웅얼거리다 마는 반벙어리
도무지 성이 안 차 구겨 던지는 문장
짜릿한 어휘 하나 번뜩여준다면
무릎 탁 치고 바로 이거다
단숨에 일필휘지 써 내려갈 텐데

언어의 바다 오직 한 곳에 자맥질하면
아름다운 詩想을 건져올릴지 몰라
수를 놓듯 白紙를 채워나갈지 몰라
글쟁이 흉내 내고 산다는 건
빙벽을 기어올라야 하는 알피니스트
역마살 낀 천형일지도 몰라

도끼를 갈다 보면 바늘이 된다던가
댓돌도 낙숫물에 뚫릴 때가 있다던가
미미한 시작 없이 창대한 끝 있다던가
흔들리는 잔솔가지 성긴 눈 입자도
거센 바람 버텨내면 눈꽃으로 피어날 터

거저 이루어지는 꿈은 세상에 없느니······

신경질

면도질을 하다 말고
움푹 패인 주름살 깊이를 본다
볼품없는 중늙은이 하나 멀거니 서있다
도톰한 얼굴살은 어디로 갔는가

전신을 곧추세우던 장단지 허벅지 엉덩이
단단하던 가슴팍 어깨 등허리
사라진 근육의 행방이 궁금하다

어릴적 지붕 위에 던져진 젖니처럼
슬금슬금 이탈해 나간 내 몸 일부들

빛바랜 눈자위에 찰싹 달라붙은 검버섯
돋보기를 원하는 침침한 시야
몇 가닥 안 남아 속이 휑한 머리칼

세월을 탓할 수도
죄 없는 거울을 나무랄 수도 없는 노릇
냅다 비누 거품만 듬뿍 처발라
거칠게 빡빡 문질러댄다

약속

지금처럼
늘
다정스럽게
영원히
내 곁을 지켜주시오

지금보다
더
다정스럽게
영원히
당신 곁 머무르리다

신들은 어디 있는가

우울한 소식이 며칠째 유리 천정을 뚫고 날아오고
때아닌 빗소리는 플라스틱 지붕을 마구 두들겨댔다

바람만 기웃거리는 서너 평 옥탑방 아틀리에
술에 취한 붓은 며칠째 우울한 그림을 그리고

금빛 채찍 승마복 치장한 귀족은 비행기를 탔다

앞 못 보는 어미 손잡고 구걸하는 어린 소녀
마른 가랑잎처럼 오그라든 허기진 등허리
한 줌 자비조차 비켜서 지나가버린다

신들은 어디로 갔는가! 신들은 어디에 있는가!

불 꺼진 터널을 눈 감고 걸어가는 밀랍 인형들
초대받지 못한 이력서는 허드렛물로 버려지고
청춘의 꿈들은 젖은 담배꽁초처럼 짓물러진다

손바닥으로 땅을 짚고 시장바닥을 기어가는 장애인
때수건 한 장 팔아주지 않고 바삐 스쳐가는 군상들
요절한 가수의 애잔한 가을 노래가 그를 부축한다

차디찬 공원 벤치에 작은 달팽이로 뉘어진 노숙자
흐릿해지는 눈빛이 간신히 허공을 붙들고 있다
해진 신발 한 켤레 벗어 두고 눈이 감겨질 것같은……

신들은 어디에 있는가! 신들은 어디로 갔는가!

아명

관세음보살 나무아미타불
목탁소리와 함께 들어선 스님
이른 아침 나섰는지 행전이 젖어있다

자루바가지 가득 쌀 한 됫박
얼른 바랑에 쏟아붓고
허리 굽혀 합장하는 할머니

멀뚱멀뚱 보는 내게
다 우리 개똥이 잘 되라고 이러는 겨
표정이 사뭇 진지하다

초여름 보릿고개
그 귀한 쌀 한 됫박
조금 전 엿장수 지나갈 땐 딴청이더니

초등학교 입학 전까지
나의 이름은 개똥이었다
그래야 명이 길다나 어쩐다나 하면서

아! 잊고 살았던 내 아명 개똥이
여태껏 무탈한 게 그 이름 덕분인지도 모르겠다

아버지

사는 게 버거워 힘이 부칠 때
뜬 눈으로 뒤척이다
가만히 불러보는 아버지

노심초사 말거라 몸 상할라
심지 굳게 가지거라
다독여주시던 아버지

사람 사는 게 다 그런 거다
세상 이치가 다 그런 거다
속이 깊으셨던 아버지

군불 밀어 넣었으니 따뜻할 거다
눈 더 붙이거라
새벽잠 모르셨던 아버지

급성폐렴 걸린 나를 업고
이십 리 재 넘으셨던 아버지
날 살려내신 아버지

돈 아껴야 한다
써야 할 때 없으면 피눈물 난다
일깨워주신 아버지

아무나 흉내 못 낼 지극정성
생각만 해도 눈시울 붉어지는
보고 싶은 아버지

아버지 나의 아버지

아버지의 江

휘감아 오른 머루 넝쿨을 벗겨낼 듯 장맛비는 사정 없이 쏟아져내립니다
허기진 까마귀 검은 하늘 배회하다 천둥소리에 달아나고 고뿔 걸린 노루는 바위틈에 몸을 사렸습니다

산골짜기를 훑어 내린 황토물은 흰 구름 너울대는 징검다리를 허물고 사납게 내달리고 있습니다
넘어진 버드나무 하릴없이 자맥질하고 자주감자는 자주 꽃에 매달려 떠내려갑니다
헛발 디뎌 물에 빠진 어린 염소는 허우적거리다 그만 휩쓸려가고 맙니다

신발 한 짝 벗겨진 줄 모르는 소년은 참새처럼 아버지 등에 얼굴을 묻었습니다
탁배기 냄새 담배 냄새 적삼 냄새 땀 냄새가 한꺼번에 코를 찔러댑니다

내리 딸 셋 돌무덤에 묻은 아버지는 구르는 돌 사이 물살을 헤치며, 소년을 둘러업고 강을 건너갑니다

이놈아! 비가 와도 눈이 와도 학교는 가야 하는 법이여! 내일도 애비가 건너 줄 참여! 공부라고 하는 건 하면 할수록 머리가 가벼운 것이고, 머릿속에 든 공부는 숭악한 도적 놈도 뺏어갈 수 없는 거여! 물소리보다 크게 외치는 목소리, 예 아버지! 소년도 크게 대답을 하였습니다

아버지 정강이에 피가 흐릅니다 휩쓸리는 돌에 그만 부딪힌 거지요, 쑥 잎을 짓이겨 싸매는 아버지, 애비는 괜찮아 이놈아 아홉 살짜리 철부지는 배만 고팠습니다

늙은 황소 침침한 눈길이 마른 강줄기를 그윽이 좇아갑니다,
마른 억새풀들이 식은 면발같이 허옇게 널브러진 그 옛날의 강변
좁아진 강가를 향해 산 그림자가 서서히 내려서고 있습니다
장터를 돌아온 뽀얀 먼지바람이 포플러 늘어선 신작로를 건너옵니다

장에 가신 아버지가 저만치 미소지으며 새 운동화 든
손을 흔드십니다

 그때 그 옛날 강변에서 아버지를 불러봅니다

아픈 저녁

구부정한 등허리
철지난 낡은 옷
빈 박스 접어 옆구리에 끼고

저무는 하늘 멀거니 바라보다가

무료급식 한술 뜨고
꽁초 하나 주워들고
부르튼 입술 깨물고

광장 한가운데 우두커니 서있는

저 남자
오늘도 차디찬 지하도 한쪽에
버썩 야윈 몸 잠들러 가나

아버지의 첫사랑

보통학교 졸업반 때 일 거여 아마
아버지는 이렇게 운을 떼셨다

우리 반에 나미꼬라는 주재소장 딸이 있었어
애들이 상스러운 욕도 하고 쪽바리라고 놀려대곤 했는데
하루는 어쩔 줄 모르고 발만 동동 구르던 나미꼬가
그만 주저앉아 오줌을 싸고 말았지 뭐여
엄마야 하면서 울음을 터트리는데 보기가 딱하더라고
반장이었던 내가 그러면 못 쓴다 이놈들을 쫓아주고
나미꼬를 일으켜 달래주었지
조선 속담에 남의 허물은 사흘 못 넘긴다고
며칠 지나면 괜찮아질 테니 부끄러워 말라고

그 후부터 나미꼬는 날 보면 웃고 말도 잘하고
안 보이면 두리번거리며 찾기도 하고
비 오는 날은 우산을 같이 쓰자고 하고
구경도 못 해본 과자를 몰래 건네주고
고급 연필과 노트를 갖다 주기도 했어
이놈들이 얼마나 샘을 내고 심술을 부려대던지

나미꼬가 얼굴도 희고 꽤 예뻤었거든
아무튼 나도 기분은 나쁘지 않았으니까

평소 근엄한 표정을 잃지 않으셨던 아버지께서
이 순간만큼은 옛날 시골 소년의 순박한 눈빛 그대로셨다
팔순의 세월에도 나미꼬 모습이 훤히 떠오르는지
얼굴에 살짝 홍조까지 띠시면서

돌아가시기 전까지 같은 이야기를 몇 차례나 더 하셨고
그때마다 처음 듣는 양 감동스럽게 고개를 끄덕여주면서
빈 잔을 채워드리는 착한 아들 노릇에 충실하려고 애썼다

아! 아버지

안부

아무리 바쁘더라도
가끔은 뒤돌아보세나
우리들의 푸른 시절을
어려운 일 있으면 내게는 기대고
경사스러운 일 생기면
마주 앉아 껄껄껄 한 잔 하세나
오랜 세월 지나면서
섭섭한 일 왜 없겠는가
서운했던 감정일랑 지우고 사세나
둘만 아는 비밀은
무덤까지 가지고 가세나
와전되는 소문에 속상할 수 있으니
사는 곳 너무 멀어 못한 이야기는
잘 기억했다가 나중에 꼭 말해주고
늙으면 서러운 일 많아질 텐데
서로 위로하고 격려하세나

집안에 무슨 일 생길 때는
서로 상의해서 이겨내세나
속으로 끙끙 앓지만 말고
터놓고 해결 방안 찾아보세나
누가 먼저 가고 누가 남더라도
고마웠던 친구로 기억하세나
어떻게 지내나 자주 안부하세나
사랑하는 친구야 정다운 친구야
오늘도 무탈하고 안녕하시게……

暗黑記

얼추 보신각 타종 시간 언저리 아닐까 짐작만 해봅니다
모여든 시민들 박수 치며 환호성 지르고
젊은 연인들은 새해 첫 키스로 사랑을 맹세하겠지요
희망에 찬 한 해를 새로 맞는 축복의 시간
일기예보만 철썩 믿고 나선 밤낚시 여행
갑자기 몰아친 눈 폭풍 난리에 포위되고 말았지요
별들이 일제히 빛을 거두고 자취를 감춰버린 밤바다
중심 잃고 요동치는 목선 바닥에 납작 달라붙어
나자빠진 후줄근한 상거지 꼴 덜덜 떨고만 있습니다
하느님을 불러야 할 혓바닥은 이미 굳어버린 벙어리
창졸간 어이없이 수장당하고 마는구나 고개 떨굴 제
어머니 손에서 건네지던 금방 쪄낸 김 나는 시루떡
동치미 사발이 침샘을 자극 마른 입안을 일깨웁니다
정신 줄 놓지 마라 아들아 눈을 떠라 내 아들아
아늑한 꿈결 가만가만 깨우는 귀에 익은 목소리
오! 고마우신 어머니
어금니 꽉 깨물고 나무토막 같은 몸을 추슬러봅니다
몸이 말을 듣지 않습니다

마지막 순간인지도 모를 일입니다
울컥 터지는 오열은 광풍이 삼켜버립니다
쇠못보다 드센 눈발을 연신 밤바다에 쏟아붓는 하늘
요란한 천둥소리 어둠을 찢어발기는 허공 저 멀리
아! 희미하게 흔들리며 다가오는 가느다란 빛 하나
필사적으로 저 불빛을 붙들어야만 합니다
암흑 속 유일한 좌표 저 등대 視界를 고수해야 합니다
등대 불빛을 놓치고 떠밀리는 날
험난한 표류 막바지 낯선 바다 이름 모를 그 어디에
가랑잎처럼 떠돌다 두 눈은 종내 감겨지고 말겠지요
별들이 가득 찼던 밤하늘은 도대체 어디 있나요
암흑 복판에 내팽겨진 형벌을 견딜 재간이 없습니다
너무 춥고 무섭고 배가 고픕니다
젖 먹던 힘을 내 좌표를 향해 다시 목청을 돋웁니다
나는 정말 살고 싶다! 나는 정말 살고 싶다!

仰望의 辯

당신은 사려 깊고 기품 있는 나의 主君이시오
나는 당신의 제국에 가둬진 포로 겸 지킴이오
당신의 눈빛에 길들여진 순하디순한 짐승이오
금단의 늪 속에 깊이 빠져든 멀쩡한 장님이오

당신께 씌워드린 찬란한 금관은
思慕의 심경 마름질한 절정의 예술이오
감히 바라 마지않는 소망인즉슨
무릎 꿇어 건네는 고백의 술잔
꿀물보다 감미롭게 목축이시고
아끼시는 애장품 情表로 내주시면
눈이 짓무르도록 감읍할 따름이오

옷깃 여며 맹세 드리건대
괴로워할 일이나
서러워할 일이나
힘겨워할 일이나
하늘 땅이 뒤바뀌는 지경일지라도
기꺼이 당신의 짐 떠맡아 짊어지고
그저 동행의 여정 즐거이 따르겠나이다
당신 이름 부르는 하나뿐인 신하가 되어……

나의 영혼에 다가와 손잡아주신 主君이시어!

애도

친엄마가 아니라고 했다
변변한 땅 뙈기 하나 없는 늙은 아버지
절뚝거리는 소아마비 아들을
병원에 데리고 갈 형편이 못 됐고

또래들 운동장에서 공차기 하고 놀 때
플라타너스 그늘 밑에서 혼자 고누를 두었다

미술 시간에 크레용도 도화지도 못 가져온 아이는
학습 준비 안 해왔다고 손바닥을 맞았고

즐거운 소풍 날
어떤 아이는 양말 어떤 아이는 넥타이를 가져왔는데
노끈으로 묶은 풍년초 다섯 봉을 가지고 왔다
아버지가 선생님 갖다 드리라고 했다면서

도시락 못 싸오고 점심을 자주 굶던
심부름한다고 동생 본다고 결석을 자주 하던
유리창 벌 청소 변소 벌 청소 군말 없이 해내던
선생님 원망은 한 번도 할 줄 모르던

그 아이가
저세상으로 갔다는 슬픈 소식이 전해져왔다
이제 겨우 환갑 지나 아직은 이른 나이
가슴에 쌓인 한은 얼마나 많았을까

하늘나라에서는 제발 남들하고 똑같이 말짱한 다리로
살게 하여 주시옵소서!

야무진 포부

어머니같이 어질고 솜씨 좋은 여자 만나

오늘처럼 바람 불고 비 내리는 날
마땅히 할 일도 별로 없는데
자글자글 허파볶음 한 냄비에
남자한테 좋다는 부추전 부쳐
탁배기 한 됫박 상 차려주면
내 팔자에 무얼 더 바라겠는가
낮술 몇 잔 얼큰해져서
마누라 무릎 베고 발장구치며
도란도란 이야기꽃 오죽 좋으랴
와이셔츠 정갈하게 다려 입히고
바지 주름 칼같이 세워주고
동창회다 모임이다 외출할 때마다
번쩍번쩍 광나는 구두 신겨주면
누가 보거나 말거나 건들건들
휘파람 회회 불고 으시댈 텐데
생전 잔소리할 줄 모르고

새치 안 보이게 염색해 주고
손톱 발톱 안 아프게 잘라주고
귀지 시원하게 잘 파주고
몰래 피우는 담배 눈감아 주고
책갈피 속에 용돈 넣어주고
매일매일 비타민 챙겨주는 여자
눈동자는 맑은 호수 같아서
밥숟가락 놓치고 넋 잃게 하는 여자
늦복 터졌다 이구동성 부러움에
암 그렇고 말고 복이지 복
고향에 남겨둔 문전옥답 몇 마지기
꼭꼭 숨겨둔 비자금 통장
지금 당장 넘겨줘도 아깝지 않을
곱상하고 마음 착한 여자 만나서
홀아비 꼬락서니나 면해봤으면……

일찌감치 냉수 마시고 꿈 깨라 할지 모르겠으나

악몽

칠흑같이 어두운 밤
비바람 몰아치는데
천둥소리 요란한데
하필 철교 한가운데서
기차가 덜컥 멈춰섰다
난리 법석 아수라장
출렁거리는 강물
흔들거리는 철교
안전한 차 안에서 기다리라고?
어디 나갈 데가 있기나 해
꼼짝없이 허공에 갇힌 포로
체통 지키자 애써 보지만
어금니 딱딱 맞부딪히고
소변 찔끔거리고
얼굴 하얗게 질리고
손바닥 축축해지고
입은 바싹바싹 타들어 간다
공포에 접수당한 3 분 30 초
얼마나 더 떨어야 하나
신이시어!

제4부

어머니의 땅

어머니의 땅

캐내어도 캐내어도
쓸 데 없는 잡초 뿌리는 질기게도 생겨나고
주워내도 주워내도
이놈의 돌멩이는 어디서 떨어지는지

새참 거른 허기는 물 한 바가지
흰 뼈처럼 닳아진 호밋자루 다져잡고
밭고랑 일구는 검게 그을린 손
곱던 흔적은 어디로 갔나

쌀가루 고르듯 긁어모아
정성스럽게 밭고랑 다듬어서
올해는 무엇을 심으려하십니까

고추도 심고 가지도 심고 도라지도 심고
감자꽃 피면 감자밭 메밀꽃 피면 메밀밭
가장자리 뻥 둘러 촘촘한 수수 울타리

친정 마을 까투리 이따금 찾아와 울어주고
푸른 물결 넘실대는 소싯적 강변이 보이는
어머니의 천국 어머니의 감옥

산 그림자 내려올 시간입니다
저녁밥 지으러 집으로 가서야지요
속으로 부르는 슬픈 노래는 내일 또 하시고요

땀 젖고 눈물 젖은 머릿수건 벗어들고
고단한 몸 일으키는 긴 한숨 우리 어머니
아! 그리운 어머니의 땅 그 흙냄새

엄마 생각

까치 소리에 날 밝은 가을 아침
밤새 아랫목 항아리에 삭힌 감
때깔 좋은 것만 골라 담아
홍시는 이파리째 맨 위에 얹고
이른 조반 뜨는 둥 마는 둥
재 너머 이십 리 길 장보러 가셨네

농협지소 계단 밑에 쪼그려 앉아
친정에 소문날까 머릿수건 내려쓰고
십 원에 다섯 개 감을 파셨네
전봇대 뒤에서 숨어보던 외삼촌
하나뿐인 누이 만나보고 싶었지만
무안해 할까 봐 다가서지 못하고
술만 퍼마시고 펑펑 울고 말았다네

막차 지나가도 엄마 안 내리고
나는 울먹울먹 배만 고프고
서릿바람 횡횡 부는 비석거리
허리끈 졸라맨 우리 엄마 오시네
조심히 내려놓는 광주리 안에
신문지 말아 싼 돼지고기 두어 근
눈깔사탕 살짝 쥐여주는 우리 엄마
불도 안 켠 뒷방에서 몰래 먹었네

상 차릴 겨를 없이 시래깃국 밥 말아
온종일 굶은 속 후루룩 달래던
정갈하게 빗은 머리 고운 우리 엄마
허리도 아프고 다리도 아플 텐데
장날이면 꼬박꼬박 이고 나서던
고방채 벽에 걸려있던 엄마 광주리
어디로 갔는지 보이지 않네

남몰래 흘린 눈물 오롯이 배어있을 엄마의 분신

戀書

숨이 턱 멎을 듯하다
한 점 한 획 한 글자 이루어진 문장
그녀는 다가와 등 뒤에 서서
어깨에 손을 얹고 가슴을 기댄다
얼마 만인가 파란 잉크 향 편지는
그리듯 써 내려간 낯익은 서체
소란 떨면 놀라 사라질까 봐
떨리는 손 차분히 눈빛만 따라간다
새싹처럼 풋풋이 살아나는 기억들
다정한 음성으로 들려주는 이야기
전등 켜는 것도 깜박 잊은 채
그녀의 숨결을 읽는 중이다
아무도 몰라야 하는 흐뭇한 침묵
몇 번을 더 읽고 또 읽는 중이다

나는 푸른 꿈길을 주유하다
회상의 갯가 어귀에 닻을 내린다
예전처럼 흩날리는 싸락눈
하얀 스카프를 그녀 목에 둘러준다
오늘따라 더 빛나는 고운 눈동자
참으로 오랜만에 손에 든 만년필
순백 바탕 일곱 매 백지 위에
내 마음을 채워나간다
내 노래를 적어나간다
눈으로 말하고 눈으로 듣던 그 말
문신을 그리듯
경전을 새기듯
그녀에게 보내는 한 편의 서정시
수채화같이 아름다운 우리 이야기

연정

당신에게 가고 맙니다

언제나 그랬듯 당신 꿈을 꾸고 나면 신열을 앓습니다
오늘도 그 병이 도졌습니다

내 안에 들어 단단하게 뿌리내린 당신이라는 사람
싹을 틔우고 묘목이 되고 가지를 뻗고 잎을 피워내고
종내 우거진 숲으로 나를 가두었지요

바닷바람이 당신 음성 동반해 날 찾을 때마다
의미 담은 눈빛 외면하고 뒷걸음쳤던 반항아
차가운 벽에 이마를 찧고 머리칼을 움켜쥐었답니다

주고받지 못한 말들 자물쇠 채워 봉인한 미완의 상자
별자리 푯대 위에 회상의 밧줄 걸어 매달아 놓은 사람
따르지 못한 지난날을 뉘우치며 남행길에 오릅니다

뒤처져오던 달은 벌써 저만큼 앞서 강 건너 가있는데
밤 열차는 이다지도 굼벵이 행찬지 모르겠습니다
엽서라도 쓰면서 가는 게 한결 나을 뻔했습니다

닿을 듯 마주하고도 하나로 맞닿지 못하고 마는
부산행 레일 같은 평행선 동행이라도 나는 좋습니다
사는 날까지 내 안에 이름 하나 그걸로 족하지요

머물다 온 줄은 모르셔도 됩니다 그게 좋겠습니다
선물을 안 두고 왔으니 아무런 흔적도 없을 거고요
바닷바람이 당신 숨결 동반해 꽤 멀리 배웅하더이다

언제나 그랬듯 당신을 보고 온 뒤엔 신열을 앓습니다
이번에도 그럴 것 같습니다

그래도 당신을 보고 왔습니다

왕 씨 열전

  명당자리는 따로 있다 거기는 아니다 대박 터가 분명하다
  가게 터 하나에도 풍수지리가 어쩌고저쩌고 갑론을박 입씨름들을 해 쌌지요

  나는 2층 당구장 창가에 기대 전자담배 연기를 내뿜으면서
  건너편 골목을 내다보고 있는 중인데요 한 가게 간판에 눈이 꽂혔습니다

  내가 사랑을 된통 앓고 인생을 깨닫기 시작할 무렵 왕대포 집 있던 자리
  무뚝뚝한 말본새 싸움닭 성깔머리 외상은 절대 사절 왕고집 할매 집
  주전자 대신 福 자 새겨진 큰 사발 잔이 이른바 트레이드마크였지요
  할매 손이 커서 큼지막한 손두부 안주는 이따금 요기가 되기도 했답니다
  그런데 한 잔으로 끝나지 않는 게 문제라면 문제지요

역마살 값하느라 사방 객지 헤매 돌다 왔을 때는
 다리를 살짝 저는 충청도 남자가 왕소금 구이 집을 하고 있었습니다
 굵은 천일염을 생고기에 뿌려 숯불에다 굽는 거 말입니다
 소금에 별난 조미료를 섞었는지 어쨌는지 맛깔나는 식감이 일품이었지요
 번호표 들고 줄 서는 집 소문이 자자했던 기억이 납니다

 위장에 탈 나고 간도 안 좋다 해서 오랫동안 술을 멀리하고 지냈습니다
 상태가 회복되어 다시 찾았을 땐 왕돈가스 가게로 바뀌었더군요

 물정 모르는 올드미스가 판단을 잘 못 한 거지요
 취객들 비틀대는 골목에 여중생들 좋아하는 돈가스는 아니다 싶었는데
 아니나 다를까 1년 못 채우고 문 닫고 말더군요

임대문의 써 붙인 불 꺼진 빈 점포 반년 가까이 썰렁했습니다
 불경기 탓일까요 이건 유사 이래 처음 있는 사건이었지요

 며칠 전부터 그곳에 사람들이 북적대기 시작했습니다
 이건 또 뭐랍니까 왕돈가스 간판 위에 임시로 덮어씌운 왕창 세일 플래카드
 운동화 청바지 티셔츠 가죽 가방 등등 80% 덤핑하는 떴다방이 생겼더군요
 그런데 그리 오래 갈 것 같지 않은 예감이 듭니다

 왕대포, 왕소금 구이, 왕돈가스, 왕창 세일
 다음에는 어떤 왕 씨가 들어올지 여기서 막 내릴지 궁금해지는 대목입니다
 아무튼 나로서는 왕 씨네 맥이 계속 이어지기를 바라는 바입니다.

永眠

흔들의자에 몸 맡기고 책 좀 보다가

휘영청 달빛 젖어 시름 좀 달래다가

스르르 잠자는 듯 그리 갔으면 하오

다 닳아빠진 내 심장 배터리

삐거덕거리는 소리 내지 말고

아주 조용히 멈춰줬으면 하오

생애 마지막 잠 그리 들었으면 하오

移葬

제 곁을 떠나신지 스무 해가 지났습니다 아버지 어머니
어쩌다 꿈에서나 본 그때마다 며칠씩 잠 못 이루던
포클레인 굴착 소리 삽질 소리 돌멩이 튀는 소리
몸 둘 바 모르고 애써 먼 산을 본다

어디로 데려가려 하느냐
여기보다 좋은 뎁니다 볕도 훨씬 잘 들고요
문중 선산 이런 거 자식들한테는 고생 안 넘겨주려고요
쓴 약 삼키듯 목구멍에 밀어 넣는다

하늘빛도 구름도 바람도 변한 건 없는데
허공을 딛고 선 것처럼 이리도 어지러운가
종이 박스 말고 오동나무 상자를 준비할 걸 그랬나
초점 잃은 나, 내가 아닌 나, 무의식 상태다

허연 무표정으로 차례 기다리는 화장장
멈출 수 없는 이미 저질러진 업보 고개를 떨굴 수밖에
절망스러운 다비가 행해지는 착잡한 시간
나는 넋이 송두리째 빠져나간 장승이다

하얀 보자기에 싸여진 유골함
죽어서도 못 잊었던 손주 놈들 가슴에 안겨 나온다
장하구나 잘 키웠구나 헌헌장부가 되었구나
네 아버지 대답할 염치없어 입술만 깨문다

추모공원 숲은 오늘따라 봄볕이 따사롭다
읍내가 내려다 뵈네요 가을엔 단풍이 참 곱겠어요
가슴으로 가슴으로만 아뢴다
고작 30 센티 유택(?)에 내 눈물을 섞어 모신다

봉분을 대신한 소나무 달랑 한 그루
무릎이 꺾이고 마는 죄인 올리는 술잔이 떨린다
울지 말거라 흔들리는 소나무 가지, 아버지 손짓이다
날이 저무네 먼 길 어서 서두르게, 어머니 옷소매다

오늘 참 몹쓸 짓을 한 것 같다 오래오래 아플 것 같다

장터 가수

부끄럼도 버렸다
수줍음도 버렸다
체면 따위는 진즉에 내버렸다
어설픈 임시 무대 음악이 깔리면
활기찬 모습으로 인사를 하고
신명난 몸짓으로 노래를 불러댔다

코흘리개부터 노인네까지
한 스물 남짓 관객 앞에서
허벅지 드러나는 짧은 스커트
트롯트 리듬에 박자 맞춰
요염하게 비틀면서 웃어야 했다
간드러진 콧소리는 기본이었다

한 잔 술로 어머니를 부르고
두 잔 술로 내 팔자를 나무랐다
잠 못 이루는 밤엔 별을 세고
갈대 숲 언덕을 지나갈 때면
참아도 참아도 눈물이 났다
꿈을 꾸던 고향은 너무나 멀다

하루해가 또 저문다
밤하늘은 노을에 젖고
연지 찍은 얼굴은 땀에 젖었다
약은 덜 팔리고 사람들은 흩어지고
오늘 공연은 적자란다
저녁 바람이 몹시 싸늘하다

내일은 또 어느 장바닥에서
여자의 일생을 불러야 하나
섹시한 몸짓을 눈요기 시켜야 하나
역마살 낀 몸이 어딘들 못 가랴만
나는 이름 없는 장터 가수
가자는 데로 걸음을 옮길 수밖에

주당의 계략

술 냄새 푹푹 풍기며 오밤중 들어오는 남편 때문에
날마다 속상해 죽겠다는 아내는
하루라도 말짱한 날 있어야 살 거 아니냐고
달래도 보고 나무라기도 했었는데

신통하게도 얼마 전부터 개과천선
맨정신으로 일찍 일찍 귀가하는 착한 이 남자
드디어 소원 이루어지고

술고래 하고 산다는 말 안 들어도 되니
그만해도 얼마나 다행스러운 일인가

오순도순 가족끼리 저녁밥 일찍 먹는 기분이라니
휘파람 불면서 설거지하는 맘 알려나 몰라

한동안은 정말 그렇게 좋았는데
우선 반찬 준비에 신경 쓰이는 거라
동창 모임 갔다가도 시간 맞춰 와야 하지
시장 자주 다니는 것도 슬슬 귀찮아지고
모든 게 점점 불편해지는 거야

몇 날 며칠 곰곰이 생각해 봐도
이건 아니다 싶었는지
중대성명 발표하듯 한마디 하시는 말씀

약속 있으면 천천히 들어와도 돼요
술 먹고 싶을 때 참으면 되레 몸에 해롭다네요
그렇다고 너무 과음은 마시고요

만세! 작전 성공 자유 만세!

차마

구부정한 등허리 폐지 줍는 할머니

어제와 같은 시간 들어서는 골목길

느닷없이 후두득 빗방울 소리

변변한 우비 하나 못 챙긴 거 같아

어쩌나 이 찬비를 걱정만 앞서는데

별안간 신통하게 뚝 그치는 빗줄기

비구름 물러가고

온 동네 훤해지고

저만치 부산한 재래시장 초입에

주워 모은 박스 간추리는 할머니

얼굴엔 다시 웃음기 돌고……

허름한 매무새 허연 머리칼

해진 신발 부르튼 손 검버섯 이마

손쓸 틈 없이 젖게 할 수 없어서

움츠러든 어깨 떨게 할 수 없어서

하늘도 이건 아니다 싶었던 게지

참회

그 눈빛 외면하고
커피잔만 내려다봤던 반항아
애꿎은 담배 연기 뿜어대다가
싸늘한 표정으로 일어섰던 날

어렸었네 그때는
밴댕이 속이었네 그때는
몰라도 너무 몰랐었네 그때는

평생 후회할 줄도 모르고

친구

모처럼 연락 온 친구 어떻게 안 만나나

호텔 뷔페 갈 것도 아니고

룸살롱 갈 것도 아닌데

너나 나나 뻔히 아는 형편에

돼지 껍데기면 어떻고 짬뽕 국물이면 어떤가

얼마나 살겠다고 얼마나 보겠다고

막걸리 두어 순배 이리도 좋은 것을

아등바등하지 말고 아프지나 말자고

술잔 부딪히며 약속부터 하세나

작년 보다 부쩍 늙은 친구야 내 친구야!

채송화

기를 쓰고 발돋움해도
키는 늘어나지 않는다
잡초에 치이고
그늘에 가려서
숨이 막히는 생

접시꽃만큼은 아니더라도
해바라기처럼은 아니더라도
아쉬운 대로 봉숭아 정도면
허리 쫙 세우고
태양을 우러러볼 수 있을 텐데

해마다 변신을 꿈꾸지만
번번이 주저앉고 만다
아무도 모르는
처절한 이 콤플렉스

그래도 사력을 다해
혼신의 힘을 뿌리에 집중
땅속 양분을 넉넉히 흡수하여
기어이 꽃망울을 피워올린다

내년을 다시 기약하면서

靑春

꽃이 필 때나
꽃이 질 때나
단풍 들 때나
낙엽 질 때나
눈이 올 때나

불쑥 생각나는 사람 있다는 건
홀연 떠오르는 이름 있다는 건

멀리 기적소리 들릴 때나
달빛이 낮처럼 훤할 때나
바람이 창문을 흔들 때나

반가이 다가오는 사람 있다는 건
귓전에 찾아드는 음성 있다는 건

그래그래 아직 靑春이고 말고
주먹 불끈 쥐고 아자! 아자! 아자!
할만한 일 아니겠는가

허연 머리칼 성글어진 지금에
불쑥불쑥 생각나는 사람 하나 있다는 건
가슴으로 불러보는 이름 하나 있다는 건

아직은 심장이 팔팔하다
뭐 그런 얘기 아니겠는가!

초원 빌라

해 뜨는 지평선은 아니 보이고
자작나무 우거진 숲도 없는데
젖소들 풀 뜯는 목장도 없는데
붉은 벽돌 3층짜리 달랑 한 동
가당치도 않게 무슨 놈의 초원 빌라

한강 가는 길목이니 한강 연립이라거나
공원 가까우니 공원 주택이면 될 것을
단조롭게 작은 소나무 두어 그루 심어놓고
소금기 허옇게 배어 나온 벽면에
ㄹ 받침 떨어진 초 원 비 라

아무리 생각해도 이건 아니다 싶은데

그런데 어럽쇼 이건 무슨 조화랍니까

네댓새 후 지나가다 무심코 본 초원 빌라
벽이 온통 푸른색을 띠고 있는 게 아닌가
수직으로 벌떡 일어선 녹색 평원
짙푸르게 나부끼는 싱싱한 이파리들

담쟁이 넝쿨이 스크럼 짜고 쫙 달라붙어
빈틈없이 치장을 해버린 푸르른 벽
아! 맞다 초원 빌라 그 이름 초원 빌라
드디어 이름값 톡톡히 해내는 초원 빌라

그래도 이름값 정도는 제대로 하고 살아야……

추석

두 해밖에 안 지난 산소에 쑥대가 무성하다
갈고리 같은 손으로 잡아채듯 뽑아낸다
수건 쓴 아내가 환하게 웃는 얼굴로 맞아준다
코끝이 시큰한 김 영감 산소에 얼굴을 부빈다
벌초하러 온 내가 잠깐 정신이 나갔었나 보네
어쩌자고 낫 대신 임자 쓰던 호미를 들고 왔을꼬

평생 바가지 안 긁고 살림하기가 그리 쉬운가
한 백 년 살다 가자고 그렇게 말해쌌더니
차라리 내가 가고 당신이 남아야 했을 것을
내일 아침 차례 지내고 벌초 새로 할 거네
오늘 밤 늦게라도 아들놈 안 내려오겠는가
아들 내외 손주들한테 추석 인사는 받아야지

학원도 보내야 하고요 애들 기죽일 순 없잖아요
지난봄 마당을 나서는 아들놈 눈이 젖어 있었다
아무래도 여우골 서 마지기 논배미 처분해야겠네
눈에 넣어도 안 아픈 삼 대 독자 우리 아들놈
오죽하면 늙은 아비한테 우는소리 하겠는가
내가 얼마나 더 살지도 모르는 일이고
손주 놈들 교육비는 할아비가 당연히 보태줘야지
김 영감은 어젯밤 내내 놋쇠 재떨이만 두들겨댔다

풋고추 시나브로 붉게 익어가는 가을 저녁
부인 손인 듯 호미 자루 꼭 쥐고 걷는 김 영감
촐싹거리던 강아지도 오늘은 시무룩하게 따라간다
열나흘 달이 참 밝기도 하다

타투*

삭발의식이 간소하게 끝이 났다
세속 연 끊어지듯 무성한 머리칼이 말끔하게 밀어졌다
멀지 않은 숲에서 비둘기가 서럽게 울어쌌는다
멈칫멈칫 俗服을 벗어 바구니에 내려놓는다

등짝 묘한 그림은 뭣이더냐/용입니다 청룡입니다
용이 되고 싶었던 게로구나/그저 꿈을 꾸었을 뿐입니다
누가 그려주었더냐/사랑했던 사람입니다 지금은 가고 없는
입 밖에 내지 못하고 떨리는 입술을 다물어버린다

잘할 거야 잘할 수 있을 거야 너는, 너를 그리 믿어
그녀는 수를 놓듯 세심하게 몇 날 며칠 용을 새겼고
나는 아늑한 꿈을 꾸듯 달콤한 감각 속에 빠져 살았다
맨살에 정교하게 침투하는 예리한 바늘의 기교
따끔따끔한 통증을 미동도 없이 견뎌내었던 나
새하얀 손가락 지문을 애무처럼 받아들였던 나
감미로운 그녀의 속삭임에 연신 주억거렸던 나
근육 세포에 배어드는 먹물을 그의 선혈이라 여기면서

눈가에 이슬이 맺혔구나/아닙니다 땀입니다 땀
헛되고 헛된 것이 애착이니라/악물고 털어내겠습니다
이름은 무엇이었더냐/이제는 불러도 소용없는 이름입니다
죽어도 못 잊을 이름이란 말 대신 먼 산을 바라본다

생애 가장 길었던 하루가 노을에 물들여진다
잠자코 있던 용이 등허리를 넘어 전신을 휘감고 비늘을 세운다
어쩔 수가 없습니다 이것 하나만은 어째지지가 않습니다
호흡을 가다듬고 僧服 옷고름을 단단히 여민다

* tattoo 살갗을 바늘로 찔러 먹물 등의 물감으로 그림이나 글씨 무늬를 새기는 것

푸른 하늘에 침을 뱉어라

앳된 병사는 활짝 웃는다
그를 가운데 둔 구레나룻 병사들 박수를 치고
happy birthday to you happy birthday to you
잠시 총을 내려 놓은 그들은 즐겁게 늦 점심을 든다

흰 돛 요트 한가로운 대통령궁 호숫가
안락의자 비스듬히 오수에 빠져드는 최고 권력자
손에서 떨어져 나간 평화협정 제안서가 물결에 떠간다

포탄이 쾅쾅 날아든다
고막을 찢는 폭발음 화염에 휩싸이는 요새
나뒹구는 피투성들 참혹한 생지옥이다

하품 수습하고 두 손 모으는 대통령
평화협정만이 전쟁을 종식하는 유일한 길이고 말고
형제들 전쟁을 멈추게 하시고 부디 평화를 주시옵소서

기도 소리가 무함마드 귓가에 미쳐 닿기 전
앳된 병사 가슴팍을 겨냥해 불을 뿜는 탈레반 기관총
두 손 묶여 무릎 꿇여진 몸뚱어리 풀썩 고꾸라지고
가물거리던 어머니 얼굴도 동시에 꺼지고 만다

착착 무너지는 방어진, 포성이 점점 가까워 온다

달러 상자 가득 채운 전용기에 가족만 태우고
순식간에 하늘 멀리 사라지는 대통령
흘리고 간 돈다발 휴지처럼 마구 흩날리는 활주로
남겨진 동지들 알라* 알라 부르며 악을 써 보지만
위대하신 신께서는 아무 응답이 없으시다

파렴치한 대 탈주극 버젓이 펼쳐진 카불** 공항
낙뢰는커녕 햇볕만 진종일 쨍쨍했다고 한다
무지개 안 뜬 걸 다행이라 해야 하나 이런 젠장!

* 이슬람교 유일 신
** 아프가니스탄 수도

해수관음상

설악 단풍을 향하는 발길
불러 세워 무릎 꿇게 한 건
낙산사 불경 소리가 아니라
누군가를 닮아도 너무 빼닮은
해수관음상 당신의 눈빛이었소
내 마음을 제일 잘 알 것 같은
간절한 기도 들어줄 것만 같은
절실한 믿음도 한몫 하였고요
단 하나의 바램을 아뢰는 바
오랜 세월이 흘러가는 동안
그토록 못 잊어 그리운 사람
잊을 수 없어 불러만 본 이름
저기 보이는 아담한 돌섬에
하루만 같이 있게 하여 주시오
더 없는 은혜로 여길 터이오
날마다 감사 기도 드릴 터이오
빵 부스러기 하나 없다 하여도
배고프다 칭얼대지 않을 터이오

담요 한 장 없다 하여도
춥다 짜증내지 않을 터이오
어둠이 짙어 서로가 안 보여도
불 켜달라 부탁하지 않을 터이오
입안이 바싹 마르는 갈증에도
물을 달라 고함치지 않을 터이오
하루를 일 년처럼 사용할 터이오
밤새워 쌓인 이야기를 풀 터이오
생각나는 노래는 다 부를 터이오
아쉬움 없는 시간을 보낼 터이오
내게 내린 축복에 감사할 터이오
기쁜 마음으로 세상을 살 터이오
벌을 받는다면 내가 받을 터이오
이제 다시는 원하지 않을 터이오

그러니 한 번만 이 그리움을 풀게 하여주시오

황혼

학교 파하고 와 늦 점심 먹고
숙제 끝내고 낮잠 들었다가
깨어보니 뿌연 게 아침 같아서
학교 간다고 허둥지둥대다가
놀림감 시절이 엊그제 같은데

새치야 그렇다 치고
피부도 그렇다 치고
주름도 그렇다 치고
나이 들어가는 거 그렇다 쳐도
어르신 소리는 웬 말이며
경로우대증은 또 무언가

인생 잠깐이더라
아침 이슬과 같은 거다
그런 말에 웃기만 하였는데
늙는 거 나하고 상관없다
큰소리치고 살아왔는데
평생 청춘일 줄 알았는데

친구 부음에 숨죽여 우네
기운이 쭈욱 빠져나가네
죽음이 겁나는 바보가 됐네
거울 속 늙은이가 나를 보네
참 안돼 보이네
갑자기 외롭고 허전해지네

소주 한 잔을 단숨에 털어 넣네

會葬者들

영정 사진은 활짝 웃고 있다 기분 좋은 얼굴이다
환갑 때 찍어 놓고 겨우 몇 년 더 살았다 한다
그는 호탕한 너털웃음을 자주 웃어젖히곤 했다
담배연기를 하늘로 뿜어 날리면서

喪主와 어색한 대면을 마친 문상객들
산역꾼들에 섞여 안부를 묻고 술잔을 기울이며
묏자리에 대해서 토론하고 나라 살림 걱정도 한다
날씨가 좋아 다행이라는 말은 빼놓지 않는다
자기들은 마치 죽음하고는 상관이 없는 듯하다
故人도 작년 가을까지는 그랬었다

마침내 관은 땅속에 내려진다
오열과 탄식의 순간은 모두가 숙연하다
인간이 맞아들여야 하는 마지막 절차
다음 차례가 누구일지는 아무도 모른다

발인부터 하관까지 다 내려다 봐 놓고
마치 아무 일 없었다는 듯 태연히
초봄의 해는 서녘으로 기울 차비를 한다
사람들 머리 위에 공평하게 빛을 나눠주면서

한 사람을 땅에 묻기 위해 모였던 사람들
인정이 너무 많은 게 탈이라면 탈이었지
약속이나 한 것처럼 마지막 덕담을 한 마디씩 한다
비로소 오늘이 영원한 이별의 시간이었음을 절감한다

땅속에 묻힌 한 사람만 제외하고
다른 사람들은 지금 말짱하게 산을 내려오는 중이다
亡子를 묻은 삽 자루 하나씩 둘러매고서

잘났다!

여자들은
죽었다 깨어나도
이런 기분 모르지
절벽 위에 폼 잡고 서
저 아래 내려다보며
누가 멀리 나가나
한껏 갈겨대는 포물선
으스스
진저리 한 번 치고
씩 웃으면서
담배연기 뿜어대는 맛

자화상

詩를 씁네 詩人 입네 껍죽댄 게 어언 몇 해

詩 같은 詩 詩 다운 詩 한 편 못 내놓았다

서당 개도 삼 년이면 풍월 읊는다 했다는데

명색이……

해설

가을 사색에 빠진 자아적 서정의 발화

• 김정규 시집 『나와 시간』 해설 •

가을 사색에 빠진
자아적 서정의 발화

김종억 (시인·문학평론가)

프롤로그

시는 마음의 거울과 같다. 그 마음 거울은 묵혀 두면 성에가 끼기 마련이다. "인간은 감정의 동물이다"라는 데일 카네기의 인간관계론에서 나온 명언처럼 作者는 감정 속에서 감성을 찾아낸다. 때론 한 편의 시 앞에서도 사유 깊은 고뇌에 빠져든다. 시를 읽거나 쓰는 일이란 숱한 의미가 응축된 메타포와 이미지의 동굴을 더듬는 것이다. 그 순간 우리는 작가가 오랜 시간 공들여 쌓아 올린 내포된 언어의 건축물 속으로 들어간다. 그리고 의인화, 은유, 비유를 들어 낯설게 하기의 기법을 쓰기도 한다. 그렇게 빗대어 미지의 감성들과 조우하고, 낯선 세계와 연결되는 신비로운 경험을 하게 된다.

문학평론은 이 경이로운 경험을 단순한 감탄에서 멈추지 않고, 그보다 깊이 이해하고 성찰하려는 지적 여정이다. 그것은 한 편의 작품이 지닌 다채로운 의미의 층들을 섬세하게 해독한다. 이어 작가의 숨결이 닿은 의도를 찾아내고자 한다. 시대의 정수와 인간 보편의 진실을 작품 속에서 길어 올리는 과정이다.

김정규 시인은 삶의 깊은 이면을 섬세하게 포착하고 표현하는 능력이 있다. 또한, 인간관계의 본질과 세월의 흐름을 솔직하고도 아름다운 시로 표현하는 데 우수한 재능을 지닌 것 같다.

시인은 언제나 삶의 다양한 단면들을 포착하여 독자에게 깊은 사색을 선물하는 것이 아닐까. 평소 자연과 삶, 그리고 소중한 관계에 깊이 사색한다는 점을 생각하면, 저자의 시집에 실린 모든 글발이 은은하게 가슴으로 들어온다.

김정규 시인이 이번에 상재한 『나와 시간』의 시집을 보면, 깊은 사색과 창작에 대한 열정이 고스란히 느껴지는 작품이다. 시를 쓰는 과정의 고뇌와 인내, 그리고 그 안에서 피어나는 희망과 성장의 메시지가 독자와 공감대가 형

성될 것이다.

문학 장르 중 특히 시는 단순히 이야기를 전달하는 것을 넘는다. 우리에게 많은 질문을 던지고 생각의 지평을 넓혀 공감해 보는 보물과도 같다. 작품들의 깊이를 탐구하는 시론은 그 자체로 또 하나의 창조적인 여정이라고 생각된다.

이제 김정규 시인이 발굴한 언어의 미로 속으로 들어가 본다. 그 속에서 우리는 작가의 상상력과 마주하고, 시대의 아픔에 공감한다. 궁극적으로는 우리 자신의 내면과 빗대어 들여다보는 귀한 시간을 갖게 될 것이다.

시간을 넘어선 그리움의 한 잔 - 「가을 커피」

가을이라는 계절의 미학 속에 녹아든 한 인간의 아련한 추억과 그리움을 잔잔하게 그려 낸 시이다. 「가을 커피」라는 제목이 주는 쓸쓸하면서도 따뜻한 느낌이 배어 있다. 과거와 현재, 만남과 헤어짐의 경계에서 피어나는 복합적인 감정들을 섬세한 언어로 포착한다.

    곱게 물든 단풍나무 숲 배경으로
    샛노랗게 익은 모과 다닥다닥 매단 가지

가을빛에 기대어 하루를 접는
절경 언덕 위에 자리한 카페

그 사람은 먼저 와 기다리고 있었네
갈색 커피 향이 뜨락에 내려서기 전
내 걸음이 먼저 문을 열고 들어섰네
찻잔 밀어 권하는 그 옛날의 하얀 손
정작 내 손이 떨리고 있었네

어색하지 않으려 밖으로 돌린 시선
한눈에 내려다뵈는 가을의 폭포
이슬이 모여 흐르듯 청아한 물줄기
무지개 무늬가 따라서 쏟아졌네

하나도 안 늙은 고운 얼굴
인사인 듯 웃음인 듯 열리는 입술
뭐라 대답은 해야겠는데
절반 남은 커피는 식어버리고
어느새 산자락은 어두워지고
가을바람은 가을바람
단풍잎은 툭툭 떨어져 날리고
창 너머 하늘은 이미 노을빛

몇 날 며칠이 마치 한나절처럼 지나갔네
아직도 입 안 가득 그날의 커피 향이……
담배 한 개비 꺼내 물고 불을 붙이네
참으로 아쉬운 꿈이었네.

- 「가을 커피」 전문

1\. 감각적인 배경 설정과 시간의 흐름

 "곱게 물든 단풍나무 숲 배경으로 / 샛노랗게 익은 모과 다닥다닥 매단 가지 / 가을빛에 기대어 하루를 접는 / 절경 언덕 위에 자리한 카페"와 같은 풍부한 시각적 이미지를 통해 독자를 아름다운 가을 풍경 속으로 초대한다. 단풍과 모과, 가을빛에 기대어 하루를 접는 언덕 위 카페의 묘사이다. 단순한 배경을 넘는다. 곧 펼쳐질 아련한 이야기에 대한 서정적인 서곡이기도 하다. 이는 과거의 한순간을 회상하는 듯한 시적 화자의 심리 상태를 반영하는 것이다.

2\. 재회와 찰나의 순간이 주는 전율

 두 번째 연에서 "그 사람은 먼저 와 기다리고 있었네 / 갈색 커피 향이 뜨락에 내려서기 전 / 내 걸음이 먼저 문을 열고 들어섰네"는 재회의 순간을 긴장감 있게 묘사한다. '갈색 커피 향'이라는 후각적 요소가 시적인 분위기를 한층 고조시키며, 화자의 떨리는 마음을 효과적으로 드러낸다. "찻잔 밀어 권하는 그 옛날의 하얀 손 / 정작 내 손이 떨리고 있었네"는 오랜만에 만난 이에게 느끼는 반가움과 설렘, 그리고 어색함이 뒤섞인 복잡한 감정을 '떨리는 손'이라는 구체적인 행동으로 표현하여 독자에게도 그 전율이 전달된다.

3. 회피와 관조 속의 고독한 아름다움

세 번째 연 "어색하지 않으려 밖으로 돌린 시선 / 한눈에 내려다뵈는 가을의 폭포 / 이슬이 모여 흐르듯 청아한 물줄기 / 무지개 무늬가 따라서 쏟아졌네"를 통해 화자가 어색함을 달래기 위해 시선을 외부로 돌리는 순간을 포착한다. 이때 마주한 '가을의 폭포'와 '무지개 무늬'는 단순히 풍경 묘사를 넘는다. 화자의 내면에 일렁이는 감정, 즉 아련한 그리움과 아름다움으로 표출된다. 잠깐이나마 폭포의 청량함과 무지개의 찬란함으로 승화되는 듯한 느낌을 준다. 이는 찰나의 환상적인 순간을 엿보는 듯한 서정을 더한 것이다.

4. 꿈처럼 아련한 기억의 완성

마지막 연은 "몇 날 며칠이 마치 한나절처럼 지나갔네 / 아직도 입안 가득 그날의 커피 향이……. / 담배 한 개비 꺼내물고 불을 붙이네 / 참으로 아쉬운 꿈이었네"로 마무리된다. 짧은 만남이었지만 마치 오랜 시간이 흐른 듯 깊은 인상을 남겼다. 순간, '그날의 커피 향'처럼 여전히 진하게 남아 있는 기억의 잔향은 이 만남이 단순한 현실이 아니다. 마음속 깊이 새겨진 '꿈'과 같은 것이었음을 암시한다. 마지막 행의 "참으로 아쉬운 꿈이었네"는 만남이 현실화하지 못한 아쉬움이다. 꿈처럼 덧없이 사라져 버린 과거의 아름다운 회상이다. 한때의 진한 향수와 미련을 한꺼번에 응축하며 시의 절정을 이룬다. 담배 한 개비를 꺼내 무는 행위는 이러한 복잡하고 아련한 감정을 홀로 삭이는 화자의 고독한 모습을 보여준다.

작은 존재의 웅대한 꿈, 그리고 흐르는 삶의 의지 「개울」

제목이 주는 소박한 이미지와는 다르다. 무한한 꿈과 열망을 품고 살아가는 존재의 내면을 깊이 있게 통찰하는 것이다. 「개울」이라는 자연물을 통해 우리 삶의 보편적인 염원과 현실이다. 멈추지 않는 희망을, 잔잔하고 힘 있게 노래하고 있다.

　　벌떡 일어나

폭포처럼 쏟아지고 싶다

속 시원히
거침없이 내달리고 싶다

피라미 말고
가물치를 키우고 싶다

징검다리 말고
대교를 올려다보고 싶다

종이배 말고
모터보트 띄우고 싶다

눈 내리는 계절엔
새하얀 설원이 되고 싶다

그 꿈 하나로
졸졸졸 오늘도 흐른다.

-「개울」전문

1. 작은 존재의 웅장한 열망
  시는 「개울」이라는 겸손하고 작은 존재를 화자로 설정

하고 있다. 그러나 시의 첫 연 "벌떡 일어나 / 폭포처럼 쏟아지고 싶다"에서부터 이러한 예상은 전복된다. 개울은 자신에게 주어진 평범한 흐름을 넘는다. 강력하고 거대한 존재인 '폭포'가 되기를 꿈꾼다. 이어지는 "속 시원히 / 거침없이 내달리고 싶다"는 억눌린 무언가를 해소하고 싶은 강렬한 해방감과 자유를 향한 열망을 드러낸다. 소박한 개울의 모습 뒤에 숨겨진 웅장한 포부를 엿볼 수 있다.

2. 한계를 뛰어넘으려는 생명력

시는 구체적인 대비를 통해 개울의 꿈을 더욱 선명하게 보여준다. '피라미 말고 가물치를 키우고 싶다', '징검다리 말고 대교를 올려다보고 싶다', '종이배 말고 모터보트 띄우고 싶다'는 단순한 크기의 확장을 넘는다. 현재의 한계를 뛰어넘어 크고 깊고 역동적인 존재가 되고 싶다는 간절한 바람을 표현한다. 피라미가 가물치로, 징검다리가 대교로 변화 발전한다. 종이배가 모터보트로 바뀌는 이미지들은 개울의 꿈이 현실의 제약을 넘어선다. 강력한 생명력과 진취성을 품고 있음을 암시하는 것이다.

3. 변신을 꿈꾸는 아름다운 상상력

특히 "눈 내리는 계절엔 / 새하얀 설원이 되고 싶다"의 연은 개울이 단순한 흐름을 넘어선 존재론적 변화까지 꿈

꾸고 있음을 보여준다. 물의 형태를 벗어나 고요하고 드넓은 '설원'이 되고 싶다는 바람은 개울이 지닌 상상력의 확장된 발화다. 그리고 현실의 모습과는 전혀 다르다. 순수하고 광활한 이상향을 지향하는 내면의 아름다움을 드러낸다. 이는 개울이 단순히 '흐르는' 것을 넘어선다. 다양한 형태로 존재하고 싶은 생명 그 자체의 욕망과 연결된다.

4. 꿈이 부여하는 존재의 의미

마지막 연 "그 꿈 하나로 / 졸졸졸 오늘도 흐른다"는 이 시의 백미이다. 앞선 모든 거대하고 찬란한 꿈들에도 불구하고 개울은 여전히 '졸졸졸'이라는 소박한 소리를 낸다. 흐르는 개울의 모습 그대로이다. 그러나 중요한 것은 '그 꿈 하나로' 흐른다는 점이다. 이 한 구절은 비록 현실은 변치 않아도, 가슴 속에 품은 웅대한 꿈과 열망이다. 바로 이 작은 존재를 오늘도 움직이게 하는 원동력이라는 깊은 깨달음을 준다. 꿈이 단순히 환상으로 끝나는 것이 아니다. 현재의 삶을 지속하게 하는 에너지이자 의미가 된다는 시인의 성찰이 돋보이는 부분이다.

「개울」은 간결하고 담백한 언어로 쓰였다. 그 안에 담긴 메시지는 매우 웅장하고 보편적인 감동을 선사한다. 평범한 일상을 살아가는 우리가 모두 가슴 속에 품고 있는 크고 작은 꿈들이다. 그리고 그 꿈들이 때로는 현실과 괴리

될지라도 우리의 삶을 지탱한다. 앞으로 나아가게 하는 소중한 힘임을 일깨워 준다. 작고 낮은 곳에서 시작되었다. 누구보다 드넓은 세상을 향해 나아가고자 하는 개울의 내포성이다. 독자들에게 깊은 공감과 따뜻한 위로이며 다시 한번 꿈을 꾸게 하는 용기를 선사한다.

역경을 이겨 낸 존재의 아름다운 성숙 -「대추」

「대추」는 자연의 한 생명체인 대추가 붉게 익어 가는 과정을 섬세하게 포착한다. 그 속에서 인생의 굳건한 인내와 성숙의 미학을 발견하게 하는 깊이 있는 시이다. 담백하고 간결한 언어 속에 응축된 힘과 깊은 울림으로 독자들에게 묵직한 감동과 사색을 선사한다.

붉게 물들기 시작한 대추를 본다

푹푹 찌는 무더위에
푹푹 찌어지지 않고
용케도 탱글탱글 영근 대추 알

다닥다닥 스크럼 짜서

태풍 장맛비 버텨 낸 패기

이제 따사로운 가을볕 아래
오직 고운 때깔로 붉어지리라

붉은빛 물들어가는 대추를 본다.

-「대추」전문

1. 시작과 끝, 순환의 시선

  시는 "붉게 물들기 시작한 대추를 본다"로 시작하여 "붉은빛 물들어가는 대추를 본다"로 끝을 맺으며, 대추의 성숙 과정을 관찰하는 화자의 시선이 돋보인다. 이는 단순한 시점의 반복을 넘어선다. 삶의 과정 자체가 끊임없는 변화와 성숙의 순환임을 암시하는 것이다. 독자로 하여금 대추의 성장이 끝없는 진행형임을 인식하게 한다. 시작과 끝의 유사한 표현은 시 전체에 안정감과 함께 깊은 여운을 부여하는 것이다.

2. 혹독한 시련과 불굴의 생명력

  시의 핵심은 대추가 겪어 내는 혹독한 시련과 이를 이겨 내는 놀라운 생명력에 있다. "푹푹 찌는 무더위에 / 푹푹 찌어지지 않고 / 용케도 탱글탱글 영근 대추 알"이라는 구절은 여름의 가혹한 더위를 생생하게 묘사한다. 그리고 그 속에서 굴하지 않고 오히려 더욱 단단하게 여무는 대추의 강인함을 대조적으로 부각한다. 특히 '푹푹 찌는'과 '푹푹 찌어지지 않고'의 언어유희는 대추가 얼마나 역경을 의연하게 이겨 냈는지를 재치 있게 보여준다. '탱글탱글 영근'이라는 표현은 건강하고 충실하게 성장한 대추의 모습을 시각적으로 생생하게 전달한다.

이어지는 "다닥다닥 스크럼 짜서 / 태풍 장맛비 버텨 낸 패기"에서는 대추들이 홀로 고난을 견딘 것이 아니라, 서로 기대고 뭉쳐 '스크럼'을 짠 듯이 함께 역경을 이겨 냈음을 묘사한다. '패기'라는 단어는 단순히 버텨 낸 것을 넘어, 생명체로서의 끈질기고 용감한 의지를 잘 드러냈다. 이러한 연대를 통해 외부의 거대한 위협인 태풍과 장맛비를 견뎌 냈음을 강조한다. 이는 개인의 삶뿐 아니라 공동체가 함께 역경을 헤쳐 나가는 모습과도 중첩되며 공감대를 확장시킨다.

3. 시련 끝에 찾아온 성숙의 미학

모든 시련을 이겨 낸 후 대추에게 찾아오는 것은 "이제 따사로운 가을볕 아래 / 오직 고운 때깔로 붉어지리라"는 아름다운 결실이다. 여름의 무더위와 태풍, 장맛비를 이겨 낸 대추가 비로소 '따사로운 가을볕' 아래에서 가장 아름다운 '고운 때깔'로 붉어지는 과정이다. 인생의 고난이 결국 더 큰 아름다움과 성숙을 위한 필수적인 과정임을 은유한다. '오직'이라는 부사는 이 고운 빛깔이 단순히 우연히 얻어진 것이 아니다. 지난 역경을 통과했기에 더욱 귀하고 특별한 것임을 강조한다.

파노라마 인생, 바로 생존 경쟁을 빗댄 글이다.

어머니의 숭고한 사랑과 희생 – '모정의 세월'

김정규 시인의 시, 「모정의 세월」은 어머니의 숭고한 사랑과 희생이다. 그리고 그것을 뒤늦게 깨달은 화자의 절절한 후회가 깊은 울림으로 다가오는 글이다. 과거와 현재를 교차하며 서정적인 동시에 비극적인 감동을 선사하는 것이다.

> 한 손 올려 머리에 인 보따리 붙들고
> 또 한 손에 달걀 꾸러미 든 어머니 따라
> 시오리 재 너머 장 보러 따라가선 날
>
> 무거운 짐 어머니 이마에 땀방울 맺히는데
> 철부지 머릿속은 온통 새 운동화 생각뿐
> 성가시게 치맛자락 붙들고 연신 졸라댔네

헛디디지 않을까 힘들지 않을까 어머니 자주 내려다보고

국수 한 그릇 시켜 놓고
나는 괜찮다 물 마시고 천천히 먹어라
빈속으로 넘어오던 산마루
설익은 다래 하나 우물우물거리다
아이고 써 뱉아 버리는 어머니
꼬르륵 소리 나는 듣지 못했네

보리밥 한 덩이 찬물에 후루룩 어머니 밭으로 가고
운동화 품에 안은 철부지는 노루 새끼처럼 껑충거렸네

어머니는 지금 병원에 계시네
걷지도 못하고 말도 못 하는 뇌경색
이제는 그 무엇도 다 해 주고 싶은데
아무것도 필요가 없게 됐네
눈빛으로 말씀하시는 어머니
끼니 거르지 말라시네
바쁜데 어서 일어나 일 보러 가라 하네

국수 한 그릇 맛나게 드시는 거 한 번이라도 보고 싶네.

-「모정의 세월」전문

시는 어린 시절 어머니와 장터에 가던 평범한 일상의 회상으로 시작된다. '한 손 올려 머리에 인 보따리'와 '달걀 꾸러미'는 고단한 삶의 무게를 상징한다. '시오리 재'는 그 삶의 길이 결코 쉽지 않았음을 암시한다. 철부지였던 화자의 '새 운동화'에 대한 욕망과 어머니의 희생을 대비시키며 과거의 장면을 생생하게 그려 낸다.

시는 단연 '어머니의 사랑과 희생'을 주된 주제로 삼고 있다. 국수 한 그릇마저 자신은 괜찮다며 자식에게 양보하고, '설익은 다래'를 쓰다고 뱉는 모습에서 어머니의 고단하고 검소한 삶과 자식을 위한 무한한 희생을 읽을 수 있다. 또한, 병상에서도 자식 걱정뿐인 '눈빛으로 말씀하시는 어머니'의 모습은 시대를 초월한다. 보편적인 모정의 깊이를 보여준 것이다.

동시에 '뒤늦은 깨달음과 후회' 역시 중요한 주제이다. 철부지였던 시절, 어머니의 땀과 배고픔을 알지 못했던 화자는 이제 어머니에게 모든 것을 해 주고 싶다. 그러나 해 줄 수 없는 현실 앞에서 무력감과 함께 진심 어린 반성을 한다. 이는 독자들에게 자신의 부모님을 돌아보게 하는 성찰의 기회를 준 것이다. 후회하기 전에 사랑을 표현해야 한다는 보편적인 메시지를 전달한다.

시는 구체적이고 현실적인 이미지들을 통해 감정을 효과적으로 표출한다. '시오리 재', '땀방울', '새 운동화', '국수 한 그릇', '설익은 다래', '보리밥 한 덩이' 등은 당시의 시대적 배경과 어머니의 삶을 시각적, 미각적으로 선명하게 그려 낸다.

특히 "철부지 머릿속은 온통 새 운동화 생각뿐", "노루 새끼처럼 껑충거렸네"라는 표현은 과거 화자의 순수하면서도 이기적이었던 모습을 효과적으로 보여준다. 현재의 후회와 대비되어 더욱 큰 감정의 폭을 만들어 낸다. 병상에 계신 어머니의 '눈빛으로 말씀하시는' 모습은 말로 다 할 수 없는 어머니의 사랑이다. 은유적으로 에둘러 감동을 더 해 준다.

창조의 고통과 인내, 그리고 비상飛上의 노래, 「詩 같은 詩」

이 시는 한 편의 시가 탄생하기를 보자. 험난한 여정을 깊이 있는 통찰과 아름다운 비유로 풀어낸 메타포엠(meta-poem)이다. 창작자의 내면적 고뇌와 외적 노력의 과정을 자연의 섭리와 일상의 지혜에 빗대어 그려 낸다. '거저 이루어지는 꿈은 없다'라는 보편적 진리를 서정적으로 고백하고 있다.

보습 날 닿기 전에는

수목 심고 꽃씨 뿌려 가꾸기 전에는
수려한 대공원도 척박한 땅덩이였으리

세상이 알아주는 名詩도
펜 끝에 내려와 글이 되기 전에는
뇌 속을 들끓는 상념 덩이에 불과했으리

잡음 섞인 낡은 흑백영화 대사처럼
입속에서 웅얼거리다 마는 반벙어리
도무지 성이 안 차 구겨 던지는 문장
짜릿한 어휘 하나 번뜩여준다면
무릎 탁 치고 바로 이거다
단숨에 일필휘지 써 내려갈 텐데

언어의 바다 오직 한 곳에 자맥질하면
아름다운 詩想을 건져 올릴지 몰라
수를 놓듯 白紙를 채워 나갈지 몰라
글쟁이 흉내 내고 산다는 건
빙벽을 기어올라야 하는 알피니스트
역마살 낀 천형일지도 몰라

도끼를 갈다 보면 바늘이 된다던가
댓돌도 낙숫물에 뚫릴 때가 있다던가

미미한 시작 없이 창대한 끝 있다던가
흔들리는 잔솔가지 성긴 눈 입자도
거센 바람 버텨 내면 눈꽃으로 피어날 터

거저 이루어지는 꿈은 세상에 없느니.......

-「詩 같은 詩」전문

1. 창조의 시작 : 척박함 속 피어나는 가능성

　시는 "보습 날 닿기 전에는 / 수목 심고 꽃씨 뿌려 가꾸기 전에는 / 수려한 대공원도 척박한 땅덩이였으리"라는 구절로 문을 연다. 이는 비옥하고 아름다운 결과물조차도 본래는 황무지였음을 환기한다. 모든 위대한 성취의 시작에는 반드시 투박하고 거친 첫 삽질, 즉 노력이 필요함을 역설한 것이다. 이러한 비유는 곧 "세상이 알아주는 名詩도 / 펜 끝에 내려와 글이 되기 전에는 / 뇌 속을 들끓는 상념 덩이에 불과했으리"라는 선언으로 이어진다. '명시'라는 숭고한 결과 역시 무질서한 '상념 덩이'에서 출발한다. 창작의 본질을 꿰뚫는 통찰을 보여준 것이다. 뇌리를 맴도는 막연한 생각들을 모은다. '펜 끝'을 통해 비로소 구체적인 형태로 발현되는 창조적 순간의 중요성을 강조하고 있다.

2. 고뇌의 심연 : 언어와의 싸움

이어지는 연에서는 창작자가 겪는 현실적인 어려움과 좌절이 생생하게 묘사된다. "잡음 섞인 낡은 흑백영화 대사처럼 / 입속에서 웅얼거리다 마는 반벙어리"라는 표현은 생각은 넘쳐나지만 적절한 언어를 찾지 못해 헤매는 답답함을 탁월하게 시각화한다. '도무지 성이 차지 않아 구겨 던지는 문장'은 불만족스러운 결과물에 대한 창작자의 엄격한 자기비판을 드러낸다. "짜릿한 어휘 하나 번뜩 여준다면 / 무릎 탁 치며 바로 이거다 / 단숨에 일필휘지 써 내려갈 텐데"라는 소망은 영감을 향한 간절한 갈망을 나타낸다. 이는 모든 창작자가 공감할 만한, 언어라는 재료를 가지고 씨름한다. 존재의 보편적인 고통을 보여준 것이다.

3. 창작자의 숙명 : 알피니스트의 길

"언어의 바다 오직 한 곳에 자맥질하면 / 아름다운 詩想을 건져 올릴지 몰라 / 수를 놓듯 白紙를 채워나갈지 몰라"라는 구절은 깊은 몰입과 탐구를 통해 비로소 아름다운 시상이 솟아날 수 있음을 암시한다. 하지만 동시에 시인은 창작자의 삶을 '빙벽을 기어올라야 하는 알피니스트,' 또는 '역마살 낀 천형일지도 몰라'라고 비유한다, 창작의 길이 결코 쉽지 않은, 어쩌면 타고난 운명과도 같은 지난한 도전임을 고백한다. 이러한 비장함은 창작 행위가 단순한 취미를 넘어선, 삶의 본질을 탐구하는 숭고한 행위임을 깨닫게 한다.

4. 인내의 가치 : 작은 것들의 위대한 변화

마지막 연에서는 인내와 지속적인 노력의 가치를 보여주는 비유들이 빛을 발한다. "도끼를 갈다 보면 바늘이 된다던가 / 댓돌도 낙숫물에 뚫릴 때가 있다던가"와 같은 오랜 지혜는 끈기가 쌓이면 어떤 불가능해 보이는 일도 가능해진다는 진리를 전달한다. 특히 "흔들리는 잔솔가지 성긴 눈 입자도 / 거센 바람 버텨내면 눈꽃으로 피어날 터"라는 비유는 절경을 이루는 눈꽃도 사실은 앙상한 가지에 매달린 '성긴 눈 입자'가 혹독한 바람을 이겨 낸 결과물이라는 깨달음을 선사한다. 이는 미미한 시작과 힘겨운 과정을 통해 비로소 위대한 아름다움이 창조됨을 시각적으로 아름답게 보여준다.

「詩 같은 詩」는 창작의 본질에 깊이 있는 탐구이자, 꿈을 향해 나아가는 모든 이에게 바치는 격려의 메시지이다. 시인은 창작의 고통과 희열을 다채로운 비유와 절제된 언어로 풀어냈다. 인내와 노력 없이는 어떠한 '창대한 끝'도 없다는 메시지를 강렬하게 전달한다. 마지막 문장 "거저 이루어지는 꿈은 세상에 없느니……"는 이 시의 모든 메시지를 관통하는 핵심 구절이다. 독자들에게 큰 여운과 함께 스스로의 꿈을 향한 성찰을 불러일으킨다.

삶의 든든한 버팀목, 영원한 그리움으로 남은 「아버지」

이 시는 '아버지'라는 존재가 한 인간의 삶에 어떤 의미와 영향을 미치는지, 깊은 애정과 그리움으로 그려 낸 작품이다. 화자는 아버지가 주셨던 삶의 지혜와 따뜻한 보살핌, 그리고 희생을 회상하며, 아버지가 단순한 부모를 넘어선 삶의 가장 든든한 버팀목이자 영원히 잊을 수 없는 사랑임을 절절히 고백한다.

사는 게 버거워 힘이 부칠 때
뜬 눈으로 뒤척이다
가만히 불러보는 아버지

노심초사 말거라 몸 상할라
심지 굳게 가지거라
다독여주시던 아버지

사람 사는 게 다 그런 거다

세상 이치가 다 그런 거다
속이 깊으셨던 아버지

군불 밀어 넣었으니 따뜻할 거다
눈 더 붙이거라
새벽잠 모르셨던 아버지

급성폐렴 걸린 나를 업고
이십 리 재 넘으셨던 아버지
날 살려내신 아버지

돈 아껴야 한다
써야 할 때 없으면 피눈물 난다
일깨워주신 아버지

아무나 흉내 못 낼 지극정성
생각만 해도 눈시울 붉어지는
보고 싶은 아버지

아버지 나의 아버지.

-「아버지」전문

1. 삶의 고비에서 부르는 이름 「아버지」

시는 "사는 게 버거워 힘이 부칠 때 / 뜬 눈으로 뒤척이다 / 가만히 불러보는 아버지"라는 구절로 시작한다. 화자의 고단한 현실과 그 속에서 아버지를 그리워하는 마음을 직설적으로 드러낸다. 삶의 무게가 버거울 때 가장 먼저 떠올리게 되는 존재로서의 아버지를 통한다. 아버지가 곧 화자에게 정신적인 안식처이자 절대적인 위로의 근원임을 보여준다. 이는 육체적 부재에도 불구하고, 아버지의 존재감이 화자의 삶 깊숙이 자리하고 있음을 암시한다.

2. 지혜와 사랑이 담긴 아버지의 가르침

이어지는 연들에서는 아버지가 남긴 다정하면서도 굳건한 가르침이 생생하게 재현된다. "노심초사 말거라 몸 상할라 / 심지 굳게 가지거라"는 염려와 응원의 메시지이다. 그리고 "사람 사는 게 다 그런 거다 / 세상 이치가 다 그런 거다"라는 통찰력 있는 말씀은 화자에게 삶의 지표가 되었음을 짐작하게 한다. 이처럼 아버지는 단순히 자식을 양육하는 것을 넘어선다. 삶의 이치를 가르치고 역경을 헤쳐 나갈 지혜를 전수하는 멘토이자 철학자이다. 이러한 가르침은 비단 과거의 언어가 아니다. 현재를 살아가는 화자에게도 여전히 유효한 삶의 나침반으로의 기능을 한다.

3. 헌신과 희생으로 점철된 사랑

"군불 밀어 넣었으니 따뜻할 거다 / 눈 더 붙이거라 / 새벽잠 모르셨던 아버지"라는 묘사는 아버지의 희생적인 사랑을 구체적인 행위로 보여준다. 자신의 안위보다 자식의 편안함을 먼저 생각했던 아버지의 깊은 마음이 고스란히 전해진다. 독자로 하여금 보편적인 아버지상을 떠올리게 한다.

특히 "급성폐렴 걸린 나를 업고 / 이십 리 재 넘으셨던 아버지 / 날 살려내신 아버지"라는 구절은 시 전체의 정서적 클라이맥스를 이룬다. 이 생생한 개인적 경험은 아버지의 사랑이 단순한 말이 아니다. 극한 상황에서 자식을 위해 모든 것을 내던졌던 헌신 그 자체였음을 웅변한다. '날 살려내신 아버지'라는 표현은 아버지에게 화자의 깊은 경외심이다. 더불어 생명을 다시 얻게 해 준 은인으로서의 아버지의 존재를 각인시킨다.

4. 삶의 교훈과 영원한 그리움

"돈 아껴야 한다 써야 할 때 없으면 피눈물 난다"는 현실적인 가르침은 자식의 미래를 걱정하고 준비했던 아버지의 철저함과 책임감을 보여준다. 이는 시대를 관통하는 보편적인 지혜이다. 아버지가 자식에게 남긴 실질적인 유산이기도 하다.

마지막 연의 "아무나 흉내 못 낼 지극정성 / 생각만 해도 눈시울 붉어지는 / 보고 싶은 아버지 / 아버지 나의 아버지"는 시에 담긴 모든 감정을 응축하여 폭발시킨다. '지극정성'은 아버지의 모든 행위를 아우르는 찬사이며, '눈시울 붉어지는'은 현재진행형의 그리움과 먹먹한 감동을 그대로 전달한다. 마지막 '아버지 나의 아버지'라는 반복은 아버지에 관한 절대적인 사랑과 소유감을 담는다. 깊은 울림으로 시를 쓴 것이다.

'아버지'는 단순한 회고를 넘어선다. 아버지라는 존재가 삶에 미친 근원적인 영향을 진솔하고 애틋하게 풀어 낸 감동적인 작품이다. 세월이 흘러도 변치 않는 사랑과 가르침이다. 그리고 희생의 기억들이 시인의 가슴속에 살아 숨 쉬며, 독자들에게도 자신의 아버지와의 추억을 되새기게 한다. 절제된 언어 속에 담긴 깊은 정서적 파동이 인상적이다. "거저 이루어지는 꿈은 없다"는 이전 시와 같이 삶의 진중한 성찰이 이 작품에도 고스란히 배어 있는 듯하다.

에필로그

김정규 시인의 작품은 꾸밈없이 담백한 구어체 표현을

사용했다. 시인의 진솔한 감정을 독자에게 직접 전달한 것이라고 본다. 어려운 비유나 수사학적 기법보다는 일상적인 언어를 통해 깊은 성찰로 유도한다.

  이는 독자에게 큰 공감과 울림을 선사한 것이다. 반복과 대조의 기법이 시 전반에 걸쳐 사용되었다. 주제 의식을 강화하고 감정의 흐름을 더욱 명확히 한다. 자신의 다양한 내면을 빗대어 표현한 것이다. 진한 울림을 선사한 강한 메시지가 독자와 공감하리라 주목하며 서평을 접는다.